# みんなで行こうアホノミクスの向こう側

## 平和の経済学を目指して

浜矩子
Hama Noriko

かもがわ出版

# まえがき

今、我々の前に一つの壁が構築されようとしている。平和でまともな世界と我々の間に立ちはだかろうとする壁だ。この壁に行く手を阻まれると、我々は、そのままとんでもない世界に連れて行かれてしまう。それは戦前の大日本帝国の世界だ。今、この危機感がことのほか深まる。

この壁を構築しようと急いでいるのが、「取り戻したがり病」の病状深き人々だ。またの名をチーム・アホノミクスである。この壁を完成させてはならない。この壁が完成する前に、それを打ち破りつつ、その向こう側に行かなければいけない。

どうすれば、この壁の構築作業にストップをかけることが出来るか。そのために、今、発見しておくべきことは何なのか。どのような認識を持っておくべきなのか。それを見極めるために、また、新たな旅に出てみた。これまでも、別のルートで同様の旅を試みて来た。繰り返し、各種のルートでたどるべき旅だと思う。今回の旅は、その終着点で日本国憲法が待っていてくれた。どのような旅路を経てそこにたどり着いたのか。この旅の追体験もまた、ご一緒頂ければ、こんなに嬉しいことはない。そして、ご一緒に壁の向こう側の世界めがけて飛翔して行きたいと思う。

本書の刊行に当たっては、かもがわ出版の皆さんに前代未聞かと思われるご忍耐と、とてつもないご寛容を強いることになってしまった。深くお詫びし、心から感謝申し上げる次第だ。本書の中で中心的なテーマとなる包摂性すなわち抱きとめる力を、果てしなく持ち合わせておいでの皆さんだ。

浜　矩子

2016年1月

みんなで行こう

アホノミクスの向こう側——もくじ

平和の経済学を目指して

装幀　上野かおる

# 序章

# この驚くべき
# 政経一致の不気味

## ●内容空疎で片づけていいのか

「アベノミクス」は「第2ステージ」に入る。安倍首相がこう宣言した。そのタイミングで本書を執筆している。「第2ステージ」向けに「矢」も新たに三本用意された。それらが、「希望を生み出す強い経済」、「夢をつむぐ子育て支援」、「安心につながる社会保障」なのだという。

この「第2ステージ」構想については、総じて、内容空疎あるいは具体性欠如という批判が多い。当初の「三本の矢」については、多くのメディアが政府の喧伝に翻弄されて、前向きにもてはやした。だが、今回はかなり受け止め方が違う。それは結構なことだ。実際に、一連の批判はもっともだとも思う。「希望を生む」だの「夢をつむぐ」などという言い方は、何とも、背筋がむずがゆくなる。こんなふうに言葉が躍り、上滑りするのも、政策措置としての実態の無さを包み隠したいがためだ。そのように思われても致し方ないだろう。

ただ、それはそれとして、この「アベノミクス第2ステージ」なるものについては、こうした批判とは少し違う観点からも、充分、注意しておく必要があると筆者は考える。単に内容空疎だというので、一蹴してしまうのは、まずいと思うのである。

## ●表裏一体論の脅威

この思いは、安倍首相のある発言に根ざしている。去る2015年4月、安倍氏はアメリカを訪れた。あの時、彼は米国議会の上下両院合同員会で演説し、そのことが話題を呼んだ。この演説の内容にも、様々各種、気掛かりな点がある。だが、さしあたりここでご一緒に注目したいのは、この演説ではなくて、議会演説と同日に安倍氏が別の場所で行ったもう一つの講演の方である。その別の場所とは、笹川平和財団アメリカだ。そこでの講演の中で、彼は「私の外交安全保障政策は、アベノミクスと表裏一体であります」と述べた。質疑の時間に入って、当日の司会者が、この点に関してさらに詳述してくれるよう、安倍氏に求めた。この要請に応じて、彼は「デフレから脱却をして、経済を成長させ、そしてGDPを増やしていく」ことを通じて、「当然、防衛費をしっかりと増やしていくこともできます」と言い放った。さらに続けて、「つまり、強い経済はしっかりとした安全保障、安全保障政策の建て直しに不可欠であると、こう考えています。」とも言っている。

実に驚くべき発言だ。由々しき問題だと思う。経済政策の使命は何か。経済政策は、外交安全保障政策とタグを組むためにあるのか。断じて、そうではない。

経済政策の使命は二つだ。第一に、経済活動の均衡が崩れた時、その歪みを是正すること。第二に、弱者を救済すること。そして、この二つの課題こそ、まさしく、この言い方の最も本質的な意味合いにおいて表裏一体の関係にある。なぜなら、経済活動がバランスを失うと、何が起こるか。激しいインフレになったり、厳しいデフレに見舞われたりする。恐慌が発生して、経済活動が全体としてショック死状態に陥ってしまったりする。これらの事態に突入すれば、いの一番に、そして最も深く傷つくのは誰か。いうまでもなく、それは、ほかならぬ弱者たちだ。経済的な均衡が崩れた時、たちどころに直撃されるのが、経済的弱者たちの生活である。したがって、経済活動の歪みを是正することと、弱者を救済することは、全くもって一つのコインの裏表にほかならないのである。

このように重大な使命を担う経済政策を、外交安全保障政策と一体化させてしまうなどということは、全く心得違いも甚だしい。だが、安倍首相は全く平気の平左で、何のためらいも、ひるみも、恥じらいもなく、それが自分のスタンスだと公言してしまう。

政治的狙いのために経済政策を使う。この発想は、実に危険だ。経済を甘くみてはいけない。政治的思惑に基づいて経済を振り回すと、とんでもないしっぺ返しを食らうことになる。そのことを、とてもよく示してくれている実例が、この間、我々の目の当たりで演じられて来た。

それは、ギリシャ問題に揺れるユーロ圏の姿だ。

ユーロは、統一ドイツの力を単一通貨圏の中に封じ込めてしまおう、という政治のパニック的決断によって生まれた。ドイツ・マルクの突出はまずい。単一通貨の中に、統一ドイツのマルクを埋没させてしまいたい。そのような政治的焦りと思惑が、経済効果を巡る論議を凌駕して、大急ぎの単一通貨導入につながった。経済無視の政治の暴走。その結果が、今のユーロ圏の大混迷だ。

端的にいって、ユーロという単一通貨は、経済合理性にのっとって構築されたものでは全く無かった。統一後のドイツの力を封じ込め、その独り歩きを阻止したい。このもっぱら安全保障上の狙いこそ、あの時、ユーロ圏が誕生したことの背景だった。ベルリンの壁が倒れて、東西ドイツが統一されるという歴史的展開がなかったら、今もユーロという通貨は存在していないと思う。そのように経済合理性からかけ離れたところで単一通貨をつくったがために、ギリシャは身の丈以上の価値の通貨を手に入れてしまった。それをよいことにどんどんおカネを借りまくったために、現在の悲惨な状態に陥っているわけだ。そんなギリシャを切り捨てる方がユーロ圏の求心力強化に役に立つのか、それとも厄介者だが、彼らを引き続き抱え込む方が求心力維持に役に立つのか。こんなテーマを巡って、欧州各国が右往左往しなければならなくなっている。何とも情けない体たらくだ。それもこれも、政治的な思惑やパニックに基づいて経済政策を振り回したことの帰結なのである。

さらには、ドイツを封じ込めるはずだったユーロ圏の存在が、むしろ、ドイツの強さを突出させる結果となってしまった。こんなに皮肉なことも、滅多にあるわけではない。政治的目的のために経済を手段化すると、こんなしっぺ返しに見舞われるのである。ことほどさように、経済政策を本来の目的とは違った形で濫用すると、最終的にとんでもない泣きをみることになる。安倍首相にも、くれぐれもご用心というべきところだ。

さらにもう一言付言しておくならば、そもそも、統合欧州の歴史の発端は、欧州防衛共同体をつくろう、というところにあった。まさしく、外交安全保障上の構想だ。だが、それが国々の納得を得られなかった。戦後間もない時代において、この構想はあまりにも生々し過ぎた。欧州における恒久平和を、確かなものにしよう。その発想に基づいた提案ではあったが、それでも、いきなりの防衛共同体は刺激的に過ぎた。そこで、経済統合から入ろうということになったのである。その意味で、欧州統合史の出発点から、経済は政治・外交の身代わりに位置づけられていた。そういうやり方をして来たことが、今日の窮状につながっている。外交安全保障と表裏一体の経済政策は、ここでも、その大いなる危険性を露呈しているのである。

ところが、そのような危険を一切省みず、安倍政権は政経徹底一致の方向感をもってひた走ろうとしている。しかも、彼らが掲げる政治とその政治が追求する外交安全保障政策とは、「戦後レジームからの脱却」を目指している。戦後から脱却するというのは、すなわち、戦前に戻ることにほかならない。日本の戦前といえば、大日本帝国の世界だ。そこに立ち戻るべき、富国強兵路線を突っ走る。そのような感性を持つ政治に、経済が一体化することを強いられるのである。何とも不気味で容認し難い政経一致だ。

## ●なぜGDP600兆円なのか

このような政経一致路線が明示されている以上、「アベノミクス第2ステージ」においても、表裏一体論は生きている。そう受け止めるのが当然だろう。ここを見落としてはならない。この観点からみた時、むずがゆくなる言葉の衣の背景に、どうも、ちらりと鎧の影がみえてくる。いみじくも、「希望を生み出す強い経済」ということで目標となっているのが、日本の名目GDPを600兆円に増やすことである。現在の規模に比して概ね20%も大きい。GDPを増やせば、国防費も増やせる。そのように明言した人が、GDPを今よりも2割増まで押し上げることを目指しているのである。この脈絡を踏まえて考えれば、このGDP600兆円構想も、決して、単なる人気取り向けの看板だと片づけてしまうわけにはいかない。

さらには、軍備増強と表裏一体関係にあるこのGDP増強構想を実現すべく、「ニッポン一億総活躍プラン」を実施するという。出生率を今の1・4台から1・8に上げるのだという。高齢者のためにも「生涯現役社会」を用意するといっている。

生んで増やして、総員活躍。生涯活躍。こうしてGDPを増やして行くこと。それが、国防費を増やすことが出来る外交安全保障政策の実現につながる。かくして、外交安全保障政策との表裏一体論との脈絡の中で考えると、「アベノミクス第2ステージ」は、その意図するところがあまりにも解りやすい。

安保法制が「いっちょ上がり」となった。だが、そのプロセスでは大いに国民の顰蹙《ひんしゅく》を買った。そこで、ここから先しばらくは「経済最優先」で点数を稼ぐ。「第2ステージ」をこんな風に読むことも出来るだろう。だが、この解釈も実はちょっと的外れだろう。表裏一体論の観点からいえば、「経済最優先」とは、すなわち「外交安全保障最優先」にほかならない。「戦後レジームからの脱却」を目指す外交安全保障政策を着実に進めていくために、強くて大きい経済づくりを着々と進める。それが「第2ステージ」入りの意味するところだ。内容空疎どころか、あまりにも不気味に重い内容だ。

## ●「これまで」に「これから」を奪われないために

このような局面で刊行させて頂く本書においては、何がどうしてこのようなことになったのかを、改めて整理しておきたいと思う。この驚くべき政経一致内閣が発足して以来、折に触れて、その行状の背景を探り、今日の時代状況の中で位置づけることを試みて来た。そのプロセスを通じて、彼らの世界がいかに日本国憲法の世界と遠いか、そして、今こそ、日本がそしてグローバル時代そのものが、いかに日本国憲法を必要としているかをつくづく実感するにいたっている。この間の我が魂の旅を、ここで改めて振り返り、皆さんと認識を共有させて頂きたく思って、本書をお目にかける次第だ。

本書のこのような性格上、既刊の他著で展開しているテーマを再論している部分も多い。その意味では、新味に欠けるとのご批判を頂戴するかもしれない。この点については、ご指摘を甘受する。その上で、本書による「これまで」の整理を、「これから」を見極めるための踏み台として行きたいと思う。「これから」がこの間の「これまで」の延長線上を進んで行ってしまえば、日本は大変なところに引っ張られて行く。とんでもない「これから」に突入して行くことを回避するために、「これまで」を改めてじっくり吟味しておきたいと思う次第だ。

# 第一章

# 取り戻したがり病がもたらすもの

## ●蔓延する取り戻したがり病

筆者が「取り戻したがり病」の存在を意識し始めたのは、概ね安倍政権の発足と同時のことだった。そのきっかけとなったのが、「日本を取り戻す」というフレーズとの出会いである。安倍政権発足当初の政権公約が、この見出しを前面に打ち出していた。「取り戻す」という言い方が、どうも、筆者は気になった。取り戻すとは、なんと後ろ向きな物の言い方か。その上、何やら暴力的な響きもある。過去に何かをもっていた。だが、今はそれが手元にない。それが悔しい。何とかそれを取り戻したい。奪い返したい。どうも、不穏当な感がつきまとう。一体、この人たちは、どんな日本を、誰から取り戻したがっているのだろう。そんな疑問が胸中に広がるのであった。

そんな感覚を抱きながら日々を過ごすうちに、次第に気がつき始めた。この「取り戻したい」という感性は、必ずしも安倍政権に固有なものではないかもしれない。そのように感じ始めたのである。

何かを取り戻したい。かつての栄耀栄華をまた味わいたい。もう一度、力を我が手に掌握したい。夢よ、もう一度。こんな願望が、あちこちで人々を駆り立てているのではないか。そのように思えて来た。これは、もしかすると流行病かもしれない。「取り戻したがり病」という名のパンデミックが地球的経済社会の津々浦々に蔓延しつつあるのではなかろうか。そう考えるにいたった。

例えば、ロシアのウラジミール・プーチン大統領の場合。彼の取り戻したがり病は、ひとまず、クリミアを取り戻したいというところから発症した。だが、今にして思えば、それはあくまでも軽めの初期症状に過ぎなかったようである。その背後には、実をいえば帝政ロシア時代を取り戻したいという思いの病巣が広がっていたとみられる。当初は、ソ連邦の時代を取り戻したいようにみえた。だが、実際には、彼の取り戻し願望はもっとはるかにタチの悪いものでありそうだ。

アメリカには、かつてのアメリカン・ドリームを取り戻したがっている人々がいる。彼らのおかげで、オバマ大統領は随分と足を引っ張られて来たと思う。アメリカは、新しい時代にふさわしく、新しい関係を世界と結ぶ必要がある。オバマ体制第一期目の当初、彼は、折に触れてそのような認識を表明していた。だが、古き良き時代の栄耀栄華を夢見る人々には、それが気に食わない。彼らは、多様性を抱きとめるアメリカを求めない。そんな彼らの感受性の受け皿として、ドナルド・トランプのような人物が共和党の大統領候補選びの中でなかなか立派に支持を集めてしまったりしている。

ヨーロッパでは、統合欧州の求心力を取り戻したい人々が必死になっている。金融統合・財政統合・政治統合。これらを目指して、何とか、戦後間もない頃に描かれた統合欧州の絵図面を、この21世紀、グローバル時代にはめ込もうとしている。

若き中国経済でさえ、その姿勢は日増しに後ろ向きになって行くようにみえる。育ち盛りの経済としての成長力が衰えて来た。そこで、成長の歯車をこれまでのようなペースで回してくれる新しい舞台探しに余念がない。そのような舞台の構築を目指して、21世紀版シルクロード・プロジェクトを立ち上げる。それを始めとする大型開発事業に他の国々を巻き込もうとしてアジアインフラ投資銀行（ＡＩＩＢ）を創設する。原子炉輸出を伸ばそうとして、欧州諸国との関係強化を図る。外延的展開の拡充によって内なる行き詰まりを打開しようとしている。そこには、かなり復古調の拡大主義的傾向が見え隠れする。

こうして、ロシアでも、アメリカでも、ヨーロッパでも、中国でも、取り戻したがり病に感染した人々が、古びたパズルのピースを持ち出して、グローバル時代の新しいパズルに無理矢理にはめ込もうとし始めている。これは、危険なことだ。新しいパズルの中に、古いパズルのピースをがむしゃらに押し込む人々が増えてくれば、どうなるか。その割り込み行動によって、新しいパズルの新しいピースたちが弾き飛ばされて、パズルそのものが壊れてしまうだろう。

取り戻したがり病はなぜ蔓延するのか。新たなパズルの破壊につながる危険行為は、なぜ横行するのか。それは、国々が新たなパズルのピースへの変貌を怖がり、嫌がっているからなのだと思う。グローバル時代の今、ヒト・モノ・カネはいとも簡単に国境を越える。地球はどんどん一つになっていく。ところが、国は国境を越えられない。地球が一つになっても、国々は、なお多数だ。それら多数の国々が、国境を越えるヒト・モノ・カネの流れにすっかり翻弄されている。カネが国境を越えて暴走すれば、リーマン・ショックが起こる。カネをもってヒトが国境の外に脱出してしまえば、国々は国家財政を機能させるための資金源を断たれる。モノづくりの拠点が海外に移転してしまえば、技術や生産力も流出する。雇用機会も国境外に立ち去ってしまう。国内経済が空洞化し、地方の疲弊が深まる。

このような展開に対して、国境の存在を前提とする国々は基本的に無力だ。したがって、その存在感は低下する。国家運営を担うことで、権勢を享受して来た人々の足場が危うくなって来る。この時代状況に追い詰められた国々が、何とかして、この国境なき時代から国境を取り戻そうとする。かくして、国境なき時代と国境にしがみつく国々との綱引きが始まった。この綱引きが、取り戻したがり病を産み落とした。

このような現状について、安倍政権の「日本を取り戻す」というスローガンが、筆者の注意を喚起してくれた。この点について、筆者は安倍首相に大いに感謝しなければいけない。彼の取り戻したがり病の重症さが、この厄介な病の存在を筆者に教えてくれたのである。

## ●取り戻したがり病の最重症患者たち

実際に、チーム・アベの取り戻したがり病は実に重い。序章でみた恐怖の政経一致ぶりも、彼らの取り戻したがり病がいかに進行してしまっているかを示している。何しろ、この取り戻すという言葉を、当初から政権公約の看板に掲げてしまっているのであるから、これはもう、全くもって筋金入りだ。

時の経過とともに、彼らが取り戻そうとしているものが何であるのかも、次第によくみえて来た。大きな手掛かりとなったのが、2014年版の総理大臣年頭所感であった。国民に対する総理大臣の新年のごあいさつだ。毎年、定例的に発表されている。その2014年版の中に、取り戻すという言葉が三回出てくる。この文書の長さが、文字数にして約1700字だ。これを声に出して、スピーチとして語るとすれば、安倍氏のペースで概ね8分強ほどかかるだろう。さして長い時間ではない。その中で、「取り戻す」を三回いう。これは、なかなかの瞬間風速だ。この調子で1時間も話せば、「取り戻す」が21回は出て来る計算になる。

さて、そのようにして三度登場した「取り戻す」は、何を対象にしていたか。何を取り戻すと言っていたのか。それは、次の通りだ。その一が「強い日本を取り戻す」。その二が「強い経済を取り戻す」。その三が「誇りある日本を取り戻す」である。

このような「取り戻す」シリーズの並び方を見れば、そこに込められた思いや野望はそれなりにみえてくる。すなわち、強い経済を取り戻すことが出来れば、強い日本を取り戻すことが出来る。強い日本を取り戻すことは、とりもなおさず誇りある日本を取り戻すことにつながる。彼らの発想は、どうも、こういう脈絡で展開しているようだ。

彼らが求めているのは、あくまでも強さだ。序章でみた通り、経済政策の使命は、均衡回復と弱者救済だ。だが、彼らは強い国の土台となる強い経済を追い求めている。そして、強さしか、誇りの源泉となるものは無いとも考えているようである。ここまで来ると、取り戻したがり病も相当に深刻だ。アベノミクスのアホノミクスたる所以である。

## ●稼ぐ力目指して一億総活躍

チーム・アホノミクスのための基本マニュアル。その位置づけにあるのが、「日本再興戦略」という文書だ。安倍政権が打ち出す成長戦略の要の部分を形成している。毎年、改訂版が出る。ここでは、その2014年版の内容に着目したい。既に2015年版も出ているが、取り戻したがり病の進行具合を点検する上では、2014年版が特に貴重な材料になる。

2014年版「日本再興戦略」においても、「取り戻す」という言葉は大きなキーワードとなっている。注目すべきことに、ここでは、この「取り戻す」がもう一つ別の言葉と結びついて、装いも新たに登場しているのである。病気も進行すると新たな症状を発するようになるというわけだ。かくして「取り戻す」とペアリングされることになったのは、「稼ぐ力」という言葉である。「日本の稼ぐ力を取り戻す」。このテーマが、2014年版「日本再興戦略」において相当に重量級の位置づけを占めている。

「稼ぐ力」というのは、実に何とも身も蓋もない言い方だ。どうも品位に欠ける。収益力は確かに重要だし、言葉の好みであまりとやかくいうのは、それこそ、品位に欠けるかもしれない。それはともかく、「日本の稼ぐ力を取り戻す」が2014年版のチーム・アホノミクス・マニュアルにおいて重要なテーマとして掲げられていたことは、間違いない。言葉の好みの問題はともかく、それにしても「稼ぐ力」というものが、果たして経済政策のテーマとして妥当なものか。この疑問は残る。稼ぐ力ばかりを追い求めていく中で、均衡回復と弱者救済は果たして全うしうるか。

この問題に勝るとも劣らず、この文書に関して気掛かりな点があった。それは、この文書の書きぶりだ。使われている言葉。呼びかけのトーン。視点の置き方。全てが引っ掛かり、気になった。

2014年版チーム・アホノミクス・マニュアルの「日本の稼ぐ力を取り戻す」部分においていわく、企業経営者をはじめとして、日本の国民一人ひとりが稼ぐ力を取り戻すことを自分の問題として受け止めてもらいたい。生産性の向上や競争力の強化、イノベーションの推進、そういうものに対して各自が頑張って取り組んでもらわないと困る。いくら政府が環境を整えたところで、国民一人ひとりがその気になって頑張らなければもう明日はない。そういうところに来ていると思ってもらいたい。稼ぐ力を取り戻すという課題に向かって、国民一人ひとりが自覚を持って邁進して頂きたい。ざっとこんな調子だ。次第次第に、国民一人ひとり、日本の稼ぐ力の奪還目指して、総員奮励努力せよと叱咤激励されている感じになってくる。さすがに「総員奮励努力せよ」と実際に書いてあるわけではない。だが、あの書きぶりの背後に、それを感じる。そこにサブリミナルな狙いがあるように感じられて仕方がない。

このサブリミナル・テーマをさらに深掘りして行くと、そこで我々が発見するものは、何か。それは、国民国家というものにおける国家と国民の関係を、完全に逆転させようという野望ではあるまいか。あの文書を読み進む中で、この思いが深まった。そして今、驚くべき政経一致の中でGDP600兆円を目指して「一億総活躍」だという話になって来たところで、どうも、あの時の思いは杞憂ではなかったなという確認が深まる。

## ●国民のための国家？ 国家のための国民？

近代的な民主主義的国民国家における国民と国家の関係はいかなるものか。いうまでもなく、そこにおいて国家は国民に対して奉仕する位置づけにある。国家というのは、国民を唯一最大の顧客とするサービス事業者だ。これが国民国家というもののまともな姿である。そう認識して間違いないだろう。

国民は、サービス・プロバイダーとして国家がまともに機能してくれるものと受け止めている。そのことを前提に、税金を出して国家を養うことに合意しているわけだ。これが近代的・民主主義的国民国家における国民と国家の契約関係だ。ところが、チーム・アホノミクス・マニュアルにおいては、この関係が完全に逆転して認識されている。あるいは、我々の認識を逆転させようとしている。そのように解釈した方がいいかもしれない。

「日本再興戦略」は、曲がりなりにも政策文書だ。国家というサービス事業者たちが、我々顧客に対して、このような形でこういうサービスを提供申し上げようと考えておりますと報告する。これでよろしいでしょうか、とお客様にお伺いを立てる。それが、政策文書というものの本来の位置づけだ。ところが、「日本再興戦略」の大きな特徴は、そこに、彼らが「何をしますか」ということがほとんど書かれていないことである。「国民一人ひとり」がどうしなければいけないかということについて、国民に向かって説教を垂れてばかりいる。

元来、国家が国民に対してまともな公共サービスを提供できないようであれば、国民はそれを自分たちに対する国家の契約違反だと受け止めてしかるべきところだ。そんな契約違反の一つだと思われるのが、今の日本の財政状況だ。事実上の破綻状態にある。このようなことでは、もとより、国民に対してまともな行財政サービスを提供出来ない。ところが、その実態を、こともあろうに日本銀行が国債を買い支えるという形で隠蔽している。政府も中央銀行も、国民に対するサービス・プロバイダーとして、全くまともに機能していない。

財政には、民間経済が窮地に陥った時のレスキュー隊としての役割がある。中央銀行には、通貨価値の安定という実に重要な使命がある。ところが、いまや、財政も中央銀行も、そのような位置づけは忘れ去ったがごとくだ。今の日本銀行は中央銀行らしい行動を全然取っていない。日本銀行のまともなスタッフの方々は、どんなにかつらい日々を過ごされていることかと思う。そうした皆さんの心痛をよそに、今の日本銀行は、日本国政府のための専任金貸業者と化している。そのようなとんでもない体制の下で、この日本国の財政の事実上の破綻状態をひた隠しにしているというのが現状である。

こうした一連の実態は、国家による国民への背信行為だ。そのこと一つを取っても、我々国民は日本国を相手取って、彼らの背任行為を糾弾する訴訟を起こしてしかるべきところだと思う。

「稼ぐ力を取り戻す」ことで、強い経済を取り戻す。それが、強い日本を取り戻すことにつながる。そうすれば、誇りある日本を取り戻すことが出来る。この脈絡の中で、外交安全保障政策と表裏一体のアベノミクスを展開する。かくして、彼らは富国強兵の道を行く。アベノミクスで富国、軍備増強の外交安全保障政策で強兵。そういうわけだ。

しかも、このこととの関わりでもう一つ我々が認識しておかなければいけないのが、安倍政権が追求している富国強兵は、決して「富国のため」の強兵ではなくて、「強兵のため」の富国であると思えてならないということである。

いかなる場合においても、いかなる目的のためにも、強兵というモチーフは許されるべきものではないが、それにしても「国を富ませるための強兵」の方が、「強兵のための富国」よりは相対的にはまだましである。そもそもこの富国強兵という言葉が明治維新に出てきた時点においては、国を富ませるためには兵力も強くなければいけないという脈絡で唱えられた論理であった。日本国の富が増えるために、あるいは日本国の富が列強に奪い去られないためには、やはり兵力も強くなければいけない。そういう発想で富国強兵が唱えられたと言っていいだろう。しかし、安倍政権の発想はそれでさえなく、あくまでも強兵のための富国だ。兵力を強めることに役に立つような形で国の富を増やしていくことに向かっている。だから稼ぐ力を取り戻さなければいけない。だから、稼ぐ力を取り戻すことに役に立つような企業、産業はプロモーションする。そこには、均衡回復と弱者救済のモチーフが入り込む余地がない。

## ●TINAは墓穴への道

ところで、政経一致の道をひた走るチーム・アホノミクスにとって、要注意な点が一つある。2014年12月の解散・総選挙に向かう中で、「これはアベノミクス解散だ」「ほかに道はない」という言い方が飛び交った。この「ほかに道はない」というフレーズを聞くと、どうしても思い出すのが、「TINA」である。実際に、安倍政権内にも、自分たちが進む道は「TINA」の道だという認識があるらしい。

通常、Tinaといえば、それは女子の名前だ。Christine（クリスティーン）の愛称でもある。だが、ここでいう「TINA」は頭文字用語だ。「There is no alternative」という文章の各単語の頭文字を連ねている。ほかに選択肢はない、進むべき道はこれしかないという意味である。ある人が盛んに“There is no alternative”を連発するので、その人にTINAのあだ名がついた。その人はかのサッチャー英国首相だ。彼女のファーストネームはマーガレットで、愛称的にはマギーだが、政権の末期に向かえば向かうほど、彼女にはTINAが良く似合うようになった。フォークランド戦争は、「やるしかない」。人頭税は「導入するしかない」。私が言うこと以外に「道はない」。こういう調子でTINA化したところから、サッチャー政権は、それこそ崩壊の道をたどるほかはなかったといえるだろう。人間、TINAを言い始めたら終わりだ。確かに、彼女もTINAを連発し始めると目が据わってきた。他のものは見えない。ほかに道はない。自分以外の誰にも耳を貸さない。この道は墓穴にいたる道だ。TINA状態であまり矢ばかり打ち放っていると、取り戻したがり病が末期症状にいたる前に、致命傷を負うことになるかもしれない。

## ●二つのテーマパークの出口は？

さて、ここで二つのテーマパークに目を向けてみたい。その一が「地方創生ワンダーランド」。そして、その二は「女性輝きブラックランド」である。この二つのテーマパークも、チーム・アホノミクス・マニュアルが打ち出している目玉商品だ。

2014年の臨時国会では、成長経済最優先というふれこみで「地方創生国会」の呼び名が打ち出された。ところが、2014年版「日本再興戦略」には、「地方創生」のために政府は何をしようとしているのかがほとんど書かれていなかった。政策は、どのような形で頑張ることによって、地方創生のお助けをするのか。今の地方の状況をどのように認識して、そこにどういう痛みがあるのか。解決すべきどういう問題があって、それに対して政策はどのように今お役に立とうとしているのか。本来の役割を意識した政策文書なら、それらのことが書き込まれているはずだ。

ところが、地方創生に関わる「日本再興戦略」の中のものの言い方は、要は地方も今こそ頑張らねばならぬということだった。どのように頑張るのかというと、これから生きる道は観光だといっている。観光資源の掘り起こしに、もっともっと頑張らなければいけない。「テーマ性とストーリー性」のある観光資源の開発に向かって地方は奮励努力せよ、というわけだ。テーマパークになるということに、起死回生の要を見出しなさいという。こんな調子でまたしてもお説教が続く。

テーマパークになることによって、今の地方の窮状が解消されるのであれば、誰も苦労はしないのである。日本の地域社会、地域経済が、いったいどのような状況にあるのか。限界集落というものの実態が、どのようなものであるのか。見渡す限りお店のシャッターが下りているというところに、テーマパークをぼんとつくって、どのような救済効果、窮状突破の効果が出てくると言うのだろうか。「あなたたち、テーマパークになりなさい。そのためにはもっと頑張らなくてはだめよ」という言い方をしているだけのことで、そのどこが地方創生なのだろうか。本音は、あくまでも、「地方もちょっとは富国に貢献しなさい」ということなのだろう。

もう一つ、彼らが大きく掲げているテーマが「女性の活躍推進」ということで、それに関する法律も国会を通過した。女性が輝く時代をつくるのだという。こうくると、どうしても、「女性輝きブラックランド」という言い方を思いついてしまう。何のために女性の活躍をそのように掲げるのか、どういう発想から女性に輝いてほしいと言っているのか、それは「女性活躍推進法」の文言を見てもよくわかる。成長に寄与してもらう。生産性の向上に役立ってもらう。競争力の強化のために頑張ってもらう。そのために女性たちに輝いてもらいたい。女性の皆さんも、どうか、強い日本を取り戻すための奮励努力の輪の中にお入り下さい。そういうわけだ。女性のための女性活躍推進ではない。

日本には、女性の人権を巡ってまだまだ大いなる問題状況がある。力のある女性たちが、その力を発揮する場から遠ざけられている。女性の貧困問題も非常に深刻だ。まことに恥ずべき状況である。議会で女性の議員が女性問題について発言すると、とてつもなく品の悪いヤジが飛ぶ。そんな低俗な認識不足さえまかり通る状況だ。女性の輝きだとか、女性の活躍とか言いながら、こうした諸問題に対応して行こうという姿勢はまるでみられない。要は、「人的資源の有効活用問題」としてしか、女性の問題をとらえていないのである。

稼ぐ力を取り戻すことに役立ちそうな女性たちは、この「女性輝きブラックランド」で超高速で疾走する回転木馬に乗せられて、「多様な働き方」をもって働き続けることを強いられる。一度この回転木馬に乗ったら、下りてくることは許されないだろう。その一方で、そういう輝き方はどうも不得手そうだとみなされた女性たちは、回転木馬の高速回転を維持するために、裏方の位置に追い込まれる。回転板の下にもぐり込んで、高速回転をひたすら後押し続ける役回りを強いられそうである。とんでもない作業をすることを強いられ、低賃金労働の新たな供給源として使われる。

この二つのいかがわしいテーマパークの構想に対して、我々はくれぐれも厳しい目を向けていかなければいけないと思う。これらのテーマパークには、入口はあっても出口はなさそうだ。一度入ったら、出て来ることは出来なくなる。少なくとも、入口と同じ場所に出口はなさそうである。出口は、実をいうと富国強兵の道に通じているかもしれない。取り戻したがり病がつくりだした後戻りの利かない道である。

## ●取り戻したがり病の時代錯誤性

取り戻したがり病は、後ろ向きの病だ。前述の通り、取り戻すという言葉を使う人の視線は、どうしても、過去に向かって注がれている。それだけに、取り戻したがり病の熱に浮かされた頭の中からは、時代錯誤な解答しか出て来ない。

取り戻したがり病の時代錯誤性を最も色濃く体現しているのが、安倍政権による円安追求だ。彼らは、円の価値を下げることが出来れば、そのことが日本経済に対して神風効果をもたらすと考えた。輸出品の外貨建て価格が下がれば、輸出の量が増える。輸出数量が増えれば、それによって、日本の経済成長が大いに牽引される。かくして、日本のお家芸である輸出主導型成長を取り戻すことが出来る。そう考えて、円安実現に力を傾けた。円高是正の必要性を声高に語り、政策の方向感がそこにあることを投資家たちに向かって大いに告知した。

そして、日本銀行による円の大売り出しが始まった。量的緩和政策を異次元のレベルまで持って行く。そう宣言して、国債を始めとする資産の大々的な買い入れが始まった。資産購入代金として、円が市場にどんどん出回って行く。過剰供給状態となった円の価値は、そのことを素直に反映して低下する。円高を是正すると宣言した彼らは、確かに、宣言通りの結果をもたらした。有言実行である。その限りにおいては、大きな成果を上げたわけである。

だが、問題はその成果がもたらした結果である。円安実現のおかげで、何が起こったか。輸出は増えたか。経済は成長したか。

結局のところ、いずれも彼らの思い通りには運んでいない。円安のおかげで、日本の輸出数量が顕著に増えたとは決して言えない。むしろ、円安進行で輸入の円建て金額が膨らんだ。

このような展開となるのは、いたって自然の成り行きだ。そもそも、今の日本経済は、もはや輸出主導型成長の経済ではない。円安神風に後押しされて、輸出が経済成長を引っ張る時代は、いまや過去のものとなっている。早い話が、日本の貿易収支は赤字ポジションが常態化しているのである。今日の日本は、決して輸出大国ではない。むしろ、輸入大国となっている。

今日の日本のような規模と成熟度の経済において、これは当然だ。日本の輸出品は、相変わらず良質で信頼性に富む。だが、かつてのように、安さで量を稼ぎ出すようなタイプの商品構成ではなくなっている。円安で値段が下がっても、そうそう、数量が伸びるものでもない。かつての「ワンダラー・ブラウス」の時代とは話が違うのである。

ワンダラー・ブラウスのワンダラーはone dollarだ。1ドル・ブラウスである。戦後日本がまさに輸出主導型成長に乗り出そうという時代の言い方だ。日本の輸出攻勢に怯えたアメリカ産業が、生み出した言葉だ。日本から、1ドルしかしない安物ブラウスがなだれ込んでくる。安物だが、品質はなかなかいい。こんなものが入って来てしまっては、我々は太刀打ちできない。何とか、日本からの集中豪雨型輸出を止めてほしい。アメリカの諸産業が、そんな悲鳴を上げる時代があった。だが、今はもう、その時代ではない。

今の日本は、前述の通り、むしろ輸入大国だ。企業は地球の津々浦々から部品・資材を輸入する。日本企業のサプライ・チェーンは著しくグローバル化しているのである。供給構造のグローバル化は、企業部門だけの話ではない。消費構造も大いにグローバル化している。食材にしても加工食品にしても、日用品にしても、奢侈品にしても、日本の消費が輸入品に依存する度合いはとても高くなっている。成熟経済大国とは、そういうものである。

このような貿易体質を持つにいたった状態で、自国通貨の価値が下がればどうなるか。輸出面では、さしたる変化は起こらない。だが、輸入品の価格上昇は国内経済に直ちに響く。生産者は生産コストの上昇に見舞われる。生活者は生活コストの上昇に見舞われる。中小零細企業にとって、輸入部材の価格上昇は大きな打撃だ。低所得者の家計には、輸入食品の値上げが生活苦に拍車をかける。今の日本においては、生活者にとっても、生産者にとっても、円安は神風どころではない。冷たい風を吹き出す疫病神だ。

こうして、時代状況は大きく変わっている。だが、あくまでも後ろ向きの取り戻したがり病患者たちには、それがみえない。彼らの視界には、円安神風時代の風景しか入ってこない。輸出大国ニッポンの強さを取り戻せ。この感性でしか、物を考えることが出来ない。かくして、取り戻したがり病は、別名、浦島太郎病だと言ってもいいだろう。

## ●日本経済、ミイラ化の危機

浦島太郎的円安追求は、日本経済のミイラ化現象をもたらす危険性を秘めていると思う。なぜなら、円安になったことで日本の貿易赤字がどんどん膨らむような展開になれば、一方における所得収支の黒字で貿易収支の赤字をカバーし、経常収支レベルで黒字を維持していくことが難しくなっていくからだ。いきなり、このような言い方をしても、お解り頂き難くて申し訳ない。何を言おうとしているか、以下でご説明して行きたいと思う。どうか、お付き合いを。

前述の通り、日本の生産者も生活者も、いまや輸入依存度が高い。この構造は、もはや、そうおいそれとは変わらない。輸入品の値段が上がっても、生産工程と消費構造の中に輸入品がすっかり根を下ろしてしまっていれば、輸入規模はそう大きくは縮減しない。一方で、中国経済の変調などが日本の輸出にもブレーキをかけるような状況になれば、日本の貿易赤字はさらに膨らんで行く可能性がある。その結果として、経常収支レベルでも赤字が定着することになると、かなり話は厄介になってくる。

日本の経常収支が赤字化するというのは、要するに日本経済が資本不足状態に陥ることを意味している。対外収支が赤字の国は、その対外需要が対外的な稼ぎの範囲を越えている。

日本は、かつて経常収支黒字大国だった。それは、初めは日本がまさに輸出大国だったからである。そのおかげで対外的な稼ぎが大きく、日本の対外需要はその範囲内で賄われていた。その後、日本はモノの輸出大国ではなくなった。だが、その代わりにカネの輸出大国になった。日本の資本がどんどん海外に出て行くようになったのである。その日本資本が海外で稼ぎ出した利子や配当やその他の収益の大きさが、貿易収支が赤字になっても、日本の経常収支を黒字状態に保ってくれていた。日本のカネの対外的な稼ぎの大きさが、日本のモノの対外的な稼ぎの縮減を相殺してくれた。そのおかげで、これまでのところ、日本は恒常的な資本不足状態には陥らないですんでいる。だが、今後、もしも対外的な需要が対外的な稼ぎの規模を越える状態が定着するようなら、日本は、手持ちの資本で自国の経済活動が生み出す対外需要を賄えない国になる。すなわち、資本不足国である。

今の日本が資本不足化するというのは、実に奇妙な話だ。なぜなら、日本経済は、いまなお、デフレ状態を払拭出来ていない。経済活動はいたって低調だ。それなのに、なぜ、自国の資金力を上回るような対外需要が発生してしまうのか。答えは円安である。円安で輸入の金額規模が膨らんでしまう。それに日本資本の海外での稼ぎ力が追いつかなくなれば、資本不足が発生する。そんなに散財しているわけではない。バブルに浮かれて派手に経済規模を膨張させているわけでもない。それどころか、冴えない経済実態が続いている。それなのに、カネが足りなくなる。情けない話だ。だが、時代錯誤な円安政策が続くと、そんなことになってしまう恐れが生じる。

これが取り戻したがり病の怖いところだ。過去の幻影に向かって立ち戻ろうとすればするほど、現実がみえなくなる。今、この時に日本の経済政策が必要としているものは何なのか。それを自らに問いかけることを忘れる。前述の通り、経済政策は、均衡回復を旨とするはずである。だが、安倍政権下の円安政策は、むしろ、日本経済の均衡を崩す方向に働いている。本来ならば、資本不足に陥る状況ではないのに、資本不足化の怖れが生じるというのは、経済的に全く辻褄の合わない話だ。だが、現実と整合しない政策を追求するから、そういうことになってしまう。

しかも、今の状況の中で日本が資本不足に陥るというのは実に危険なことだ。ここで、本項の冒頭で提起したミイラ化問題が出て来る。

そもそも、ある国が経常収支赤字国、すなわち資本不足国になること自体が、一義的に悪いことだとは、決していえない。「赤字」という言葉を使うからいけない。おまけに、「日本、対外赤字に転落」などと表現したりするので、どうも、否定的なイメージになってしまう。だが、対外収支の収支尻は、いわば一国のライフスタイルの反映だ。そして、そのライフスタイルは、その国の経済的発展段階、あるいは成熟度を反映している。成熟経済大国が、モノの輸入大国となるのは当然だ。そのモノの輸入のための支払いを、自国のモノの輸出からの上がり金で賄えればそれでいい。それがダメなら、自国が海外に輸出したカネの稼ぎを充当すればいい。それでもダメなら、海外から借金すればいい。借金力も甲斐性のうちだ。

## ●アメリカはなぜミイラ化しないか

事実、アメリカはもう随分長きに渡って、このライフスタイルに徹して来ている。レーガン政権下の1980年代、アメリカは「双子の赤字」の国と呼ばれるようになった。財政赤字と経常収支赤字という一卵性双生児が、アメリカ経済のカネの使い過ぎを象徴するペアとなった。だが、それでも何とかなったのは、このカネ食い虫ペアの食欲を満足させるだけの資本を、海外から呼び込むことが出来て来たからである。それが出来る限りにおいては、いうならば実力を上回るパフォーマンスを発揮し続けることが出来るわけだから、決して、全面悪だとはいえない。

ただし、言うまでもなく、そうした実力以上の背伸びも、しょせんはカネが外から入ってき続けることが前提になる。この資金供給が途絶えれば、双子はたちどころに飢餓状態に陥って、一巻の終わりだ。つまり、赤字も双子までなら何とかなるが、その上、資本に関する赤字まで加わって三つ子の赤字になってしまうと、もういけないということである。

アメリカは、三つ子の赤字化を免れて来たからこそ、これまで何とかなって来ている。逆にいえば、なまじ、海外からの資本調達が何とかなって来たからこそ、なかなか、双子の赤字体質から脱却出来ないという言い方も出来るだろう。

さて、しからば、なぜアメリカは一貫して三つ子の赤字を回避してこられたのか。なぜ、海外から資本を引き寄せ続けてこられたのか。さきほど、借金力も甲斐性だといった。アメリカ経済は、それほど甲斐性に富む経済なのか。確かに、今なお、総じて投資機会の多い国だとは言えるだろう。だが、1980年代を通じてアメリカに資金が流入したのは、ひとえに、アメリカの金利が猛烈に高かったからである。双子のかたわれの財政がどんどん膨張するので、当時のアメリカ経済はインフレ圧力の極めて高い経済になっていた。このインフレを抑え込むべく展開された高金利政策が、アメリカに資金を引き寄せたのである。そのおかげで、ドルへの需要が強くなり、ドル高が進行した。このドル高がインフレ抑制効果を発揮した。そのため、当時のアメリカは、一見、インフレなき高成長を実現しているようにみえた。レーガノミクス万々歳。そのようにレーガン政権が自画自賛していた。だが、もとより、それはあくまでも見せかけに過ぎなかった。「資金不足→金利高→ドル高→物価安」という奇妙な連鎖が、インフレ体質を隠蔽してくれていただけのことだったのである。

ここでふと思う。レーガノミクスも、取り戻したがり病のはしりだったかもしれない。レーガン政権もまた、強いアメリカを取り戻すことに固執していた。そのための強い経済を取り戻すべく、金持ち減税を敢行した。「悪の帝国」、ソ連に対して「スター・ウォーズ」をしかけると宣言し、軍備増強に力を入れた。レーガノミクスもまた、確かに当時のアメリカの外交安全保障政策と表裏一体だった。そのような経済政策を展開したために、やはり、当時のアメリカ経済は大きくバランスを失することになった。双子の赤字が巨大化し、どんどん、均衡点から遠ざかる。その歪みを、高金利におびき寄せられた海外資本の流入が隠蔽する。とても、甲斐性溢れる経済的風景だとはいえない。

もっとも、レーガノミクスは過ぎ去って久しい。その後のアメリカは、決して高金利で世界の資本を引き寄せて来たとはいえない。しからば、なぜ、三つ子の赤字を免れて来たのか。今度こそ、本当に甲斐性を身につけたのか。確かに、レーガノミクス時代に比べれば、それなりに体質は改善したかもしれない。だが、本質はそれではない。要は、1980年代末以降、グローバル経済が総じて大いなるカネ余り時代に入ったからである。そのカネ余りの本家本元が、実は日本であった。日本が債権大国化し、やがては初のゼロ金利国、そして初の量的緩和実施国となっていく。日本からあふれ出るカネが、まれにみる金利の長期安定状態を作り出す。そんな環境の中で、膨れ上がるアメリカの借金も、容易に受け皿を見つけ出すことが出来たのである。

## ●万骨ミイラ化でいいのか

さて、これからが問題である。今までは、日本がカネの出し手で、アメリカがそのカネの借り手であった。だからこそ、カネは上手くグローバル経済上を回っていたのである。だが、ここで日本が資本不足国に転じるとなれば、話は全く違って来る。グローバル金融市場を舞台に、日本とアメリカが壮絶な資本争奪大戦争を演じることになる。

その時、日本に勝ち目があるか。かつてのアメリカのように、資本不足に見合う高金利で資本を引き寄せることが出来るか。今の日本の状態がそれどころでないことは、いうまでもない。何しろ、異次元緩和の世界だ。事実上のゼロ金利状態が、今なお続いている。政策がその状態を死にもの狂いで作り出している。そのため、むしろ資金は投資機会を求めて海外に流出して行った。資本不足なのに、資本が外に出て行く。これもまた、均衡回復に逆行する政策のなせるわざだ。

資本不足国の金利は上がる。これが自然体だ。だが、今の日本で金利は上がるか。上げられるか。そのためには、日銀が異次元から帰って来る必要がある。だが、彼らが異次元から帰還するということは、日本の財政破綻状態が顕在化することを意味している。日銀による買い支えがあるからこそ、国債の消化が何とか進んでいるのである。日銀の国債買い入れがあまりにも熱心ですさまじいため、国債市場がなんと玉不足に陥り、マイナス金利まで出現するという有様だ。そこまで必死で日銀が日本政府にカネを提供しているのである。おいそれと、異次元から帰ってくるわけにはいかないだろう。

だが、その状態で資本不足が本格化すれば、日本はその不足分をグローバル市場で調達出来なくなる恐れが大きい。その時、もしもアメリカが量的緩和からの脱却に奏功していれば、完全に万事休すだ。その時、日本経済は間違いなく資本不足で干上がることになる。ミイラ化だ。

その危険を犯してまでも、今の歪んだ政策展開が続くのか。続けるつもりか。一将功なって万骨ミイラ化。それでも、取り戻したがり病患者たちの「妄走」は続くのか。

# 第二章

# 経済活動は誰のため、何のため?

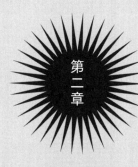

取り戻したがり病患者たちの妄走に付き合わされてはかなわない。そうならないために、我々には心の準備と認識の確立が必要だ。この辺をしっかりしておけば、知らないうちにとんでもないところに連れて行かれてしまうということはない。心の準備と認識の確立の中核ポイントは何か。それは、そもそも経済活動とは何であり、誰のため、何のためにあるのかという点だ。本章で、これらのことを整理しておきたいと思う。

## ●経済活動は人間の営み

安倍首相は、しばしば、「経済最優先」という言い方をする。それは、どういうことだろう。このこととのチーム・アホノミクス的な意味は明確だ。彼らにおいて、経済運営と外交安全保障政策は表裏一体だ。そのように、このチームの大将が言明している。したがって、彼ら的には、「経済最優先」はすなわち「外交安全保障最優先」と同じことなのである。強い日本を取り戻す。このことを、引き続き最優先課題として行く。それが、この「経済最優先」宣言がチーム・アホノミクスにおいて意味するところだ。

だが、「経済最優先」の本当の意味は、まるで違う。経済を最優先するという宣言は、とりもなおさず、人間を最優先すると言っていることにほかならない。なぜなら、そもそも、経済活動は人間の営みだ。この地上に生き物多しといえども、経済活動に携わる生き物は、人間という名の生物しかいない。我々人間は、その他の生き物たちと実に多くの行動様式や生態を共有している。喜怒哀楽がある。家族・親族・血縁を大切にする。そうしたもろもろの有り方は、おサルさんでも、イヌさんでも、ネコさんでも、ヒトさんでも同じだ。ところが、こと経済活動ということになると、それをとり行う生き物は、人間しかいないのである。

その意味で、経済活動を営むことこそ、人間が人間であることの証だとさえ言える。人間と経済の間には、これほどまでに切っても切れない関係がある。我々は、まずここを認識の出発点にしてしかるべきである原点として確立しておかなければならない。

人間による、人間のための、人間だけしか行わない営み。それが経済活動だ。そうである以上、経済活動が人間を不幸にするはずはない。経済活動が人間を痛めつけるはずはない。経済活動が人間をないがしろにするはずはない。以上が、論理的に不可避的な結論だ。もし仮に、世の中において人間を不幸にするような経済活動がまかり通っているとすれば、それはまがい物だ。我々はそのように認識する必要がある。経済最優先の名の下に、軍備増強に資する政策行動が容認されるなどというのは、経済活動の本質からはあまりにも遠くかけ離れた考え方だ。

## ●原点から遠ざかる経済活動の現実

このように言うと、「ホントにそうか？」という疑問を持たれる皆さんも少なくないかもしれない。経済活動は人間を幸せにするためにあるというが、現実には、むしろ、経済が前面に出れば出るほど、人間は脇に追いやられたり、後景に退くことを強いられたりするのじゃないか。気合いを入れて経済効率が追求されればされるほど、そのため人間は牛馬のごとくこき使われる。ヒトのモノ扱い化が進む。人権が踏みにじられる。その意味で、人間と経済は対峙する関係にある。人間は経済が持つ暴力性から守られなければならない。このように感じられている方々は少なくないだろう。

確かに、そのような現実を我々は目の当たりにする。現実の世の中においては、排除と淘汰の力学が、しばしば、包摂と共生の原理を蹴散らかそうとする。だが、だからといって、元来、人間と経済の関係はそういうものなのだと我々が思い込んでしまえば、次第にその思い込みが我々の行動を規定することになってしまう。それはおかしい。現実の中にいつでも真理があるなら、人類はいまなお王制国家の下にあり、市民革命も起こっておらず、民主主義は芽生えていなかっただろう。労働組合は結成されておらず、労働者の権利を守るための労働法制は整備されていないだろう。独占禁止のための法制度もなく、工場による有害物質の垂れ流しや、環境に無頓着な大気汚染なども放置されたままになっていたはずである。かつては、当たり前のようにまかり通っていた逸脱行為が、人間の認識の変化によって正されて行く。人間の知識と知恵の深化によって、人間の活動の有り方が矯正されて行く。こうして、我々は今日まで歩んで来た。それなのに、今日の経済活動の有り方だけについて、そこに永久不変の真理があると思い込むのは、どう考えても筋の通らない話だろう。そんな知的怠惰を繰り返していると、我々は本当に取り戻したがり病患者たちの餌食となって、経済活動の原点からはるか遠くかけ離れた恐怖の現実に身を任せることとなってしまう。

こうしてみれば、世の中に「ブラック企業」などというものが存在するのは、おかしい。「ブラック企業」というこの言葉そのものは、誠に重要な言葉だと思う。あってはならない企業経営の姿を糾弾する上で、この上もなくシャープで適切な表現だ。ただ、そう思いつつも気になることが一つある。それは、「ブラック企業」という言い方をしていると、要は、ブラックな行為に及んでいる組織や集団も、また企業だと認知してしまうことになるからだ。ここが、どうも引っかかる。経済活動が人間の営みであり、人間を幸せにするためのものである以上、その中において中核的な位置づけを占める企業経営は、決して人間に対してブラックな行動に及ぶはずはない。及んではいけない。ブラック化したその瞬間に、企業経営は企業経営でなくなる。それが原点的認識というものだろう。したがって、「あいつらはブラック企業だ」という糾弾の仕方は、そこに込められた怒りこそ全く正しいが、言い方としては、やはりちょっとまずいのではなかろうかと思う。経済活動の本質的有り方との関係でいえば、「あいつらブラック」と言ったところで止めておくべきなのだと思うのである。

確かに、今の世の中を眺めまわせば、「ブラック企業!」と叫びたくなる対象は多々存在する。だが、前述の通り、だからといって、経済活動の本質がそこにあるのだと、我々が素直に納得してしまってはまずい。企業経営の論理としては、ブラックが正当化されちゃうのも、しょうがないんだよなぁ。そんな風に信じ込んではいけない。人間による人間に対するブラックな取り扱いを目の当たりにした時、我々は、それが経済の力学の怖さだなどと、ゆめゆめ得心したり慨嘆したりしてはいけない。そうではなくて、経済活動がいかにその本来の姿から遠ざかっているかを嘆かなければいけない。そのような状況に対して、強い怒りを覚えなければいけない。嘆きと怒りとともに、経済活動をその本来の姿に立ち戻らせたいと思わなければいけない。そう確信する必要があるのだと思う。

このように考えた時、気になる言葉がもう一つ出て来る。「ブラック企業」と、気になり方に一定の共通性があると思う。その言葉は、「経済合理性」である。

例えば、こんな言い方がある。「原発再稼働に反対されるお気持ちは解ります。脱原発を唱えられる信念をとやかく申し上げるつもりはございません。ですが、経済合理性の観点からみれば、日本経済は原発再稼働なしにはやっていけませんよ。」あるいは、「非正規雇用が増えるのは残念なことです。格差拡大が社会的な大問題であるということも解ります。ですが、経済合理性を考えれば、雇用形態の多様化はやむを得ないし、理にかなったことじゃありませんか。」

このように言われると、皆さんはどのように思われるだろう。どのように反論されるだろう。以下のような感じで逆襲されるだろうか。「それはそうかもしれない。経済合理性を持ち出せば、そういうことになるだろう。だが、経済合理性が全てではない。世の中には、経済合理性より重要で大切なことがある。倫理や道徳や人道上の観点を、経済合理性に優先させなければいけない時があるのだ。」

このように主張されるとすれば、その背後にある見識や心情は、実に素晴らしい。完璧に、まともな神経の持ち主の感性だ。このように声を上げる人々の存在は貴重だ。

存在は貴重だが、論理には問題がある。貴重な人々の姿勢にケチをつけるつもりは、毛頭ない。ただ、底には一つの大きな誤解がある。誤解させられていると言った方がいいだろう。

経済合理性という言葉が、大きな誤解に基づいて使われているのである。この誤解は、議論の双方に共通している。経済合理性をたてに取って原発再稼働や非正規雇用を正当づける側も、それに敢然と反論する側も、経済合理性という言葉を本質的に誤用している。なぜそうなるかといえば、双方とも、経済活動がいかなるもので、誰のためにあるのかを理解していないからである。

本章で縷々申し上げている通り、経済活動は人間の営みで、人間を幸せにするためにある。この原点認識を踏まえて、「経済合理性」という言葉の意味を考えると、どうなるか。経済活動が人間による人間のための活動であるならば、ある行為や仕組みなどが経済的に理にかなうためには、どのような条件が満たされていなければならないか。まずは、基本中の基本として、人権を脅かすようなことがあってはならない。人権侵害につながるような側面をみじんも持っていてはならない。そういうことになるだろう。然らば、最も本源的な人権侵害とはなにか。それは、人間が生命を脅かされることだ。生存権を侵害されることこそ、究極の人権侵害だ。だからこそ、戦争は基本的人権に対する本質的な侵害行為だということになる。

こう考えてくれば、経済合理性が成り立つためには、そこに、多少とも人間の命を危険にさらす要素が入り込んで来ないという条件が満たされていなければならないはずである。つまり、経済合理性にかなうための第一義的な要件は、人間の生命を脅かさないことである。このように言うことが出来るだろう。

そこで、この要件に照らして、まずは原発再稼働を吟味してみるとどうなるか。原発を再稼働することに、人間の生命を脅かす側面がみじんもないか。福島第一原発問題が引き起こし続けている問題を目の当たりにしている我々には、とうてい、そのようには思えないだろう。あの問題が発生する以前にも、チェルノブイリがあった。アメリカのスリーマイル島問題もあった。どう逆立ちして考えても、原子力発電というやり方に、人間の命を危険にさらす面が皆無だなどとは言えるはずもない。

非正規雇用の増加についてはどうか。非正規という雇用形態に、人間を不幸にする側面が全くないか。これもまた、相当無理をしなければそうは言えないだろう。低賃金に甘んじなければならない。長時間労働を強いられることもある。責任は与えられても、それに見合った報酬は得られない。身分は安定しない。いつ雇い止めにあっても、文句は言えない。このような状況の下におかれた人々が、その基本的人権を全く侵害されていないと言えるか。あまりにも劣悪な雇用環境の下で長く働くことを強いられ続ければ、健康と生命の危機にさらされる危険がないとはいえない。このような雇用の有り方を、経済合理性の名の下に正当化する。それが許されていいのか。

どうしても、原発を全面再稼働に持ち込みたい人々がいる。非正規雇用を活用するほかはない状況にある経営者たちも存在する。それは、事実だ。だが、彼らが自分たちの主張を正当づけようとするに際して、経済合理性を持ち出すのはおかしい。それは許されない。相手を説得したいなら、経済合理性とは別の論理を使って頂かなければ困る。彼らの主張を聞く側も、彼らが経済合理性を持ち出したところで、ストップをかけなければいけない。それは理由になりませんよ。それは経済合理性という言葉の誤用ですよ。そのように申し入れなければならない。彼らが経済合理性と来たら、ただちに「カット!」と叫ばなければいけないのである。

## ●原点に再接近するためには

経済合理性の名の下に、経済活動がその原点的な姿からどんどん遠ざかっていく。こんなに馬鹿げた話もないものだ。そうならないためには、どうすればいいのか。方策はあるか。どこに手掛かりがあるのか。このように考えていく中で、ある人のある言葉が頭に浮かんだ。

その人は孔子。その言葉とは、「心の欲する所に従えども矩《のり》を踰《こ》えず」だ。孔子については、説明を要しない。中国は春秋時代の大思想家だ。かの「論語」の大先生だ。上記のフレーズも、「論語」の中に登場する。皆さんよくご承知の通りだ。

「心の欲するところに従う」とは、要するに自分がやりたいことを、やりたいように、やりたいだけやるということだ。心のおもむくまま、欲の命じるままに行動するということである。だが、その一方では「矩を踰えず」であるべしと孔子は言っている。ここでいう「矩」とは何か。それは、社会規範であるとか行動倫理あるいは人間としての節度ある生き方などを指している。人様に迷惑をかけない。人を泣かせたりしない。人の人権を踏みにじらない。要は、社会的存在としての真っ当さを総合的に表して「矩」と言っている。自分の欲をとことん追求しながら、だからといって、その過程で他者を傷つけるような社会規範にもとるような行動には決して及ばない。欲のために矩をないがしろにすること、犠牲にすることは決してない。欲と矩の黄金バランスだ。この黄金バランスを常におのずと、労せずして実現出来てしまう。これこそが、人間の生き方の奥義だ。孔子大先生はこのようにおっしゃっているのである。

ちなみに、「論語」の中の該当箇所は次の通りだ。

「十有五にして学に志す、

三十にして立つ、四十にして惑わず、

五十にして天命を知る、六十にして耳順う、
七十にして心の欲する所に従えども、矩を踰えず。」
欲と矩の黄金バランスは、齢70ともなれば手に入れることが出来るというわけだ。かくして、超高齢化社会の日本は、実に超恵まれた社会だ。欲と矩の黄金バランスを巧まずして身につけている人々がたくさんいる。そのような社会は、取り戻したがり病がもたらす経済観念の狂いや、何が経済合理性にかなうのかということに関する誤解に対して、強い耐性を持っているはずである。欲と矩の黄金バランスの保持者たちは、そう簡単に騙されない。丸め込まれない。政策や政治がその役割に関してはき違える時、彼らはそれを目ざとく察知することが出来るはずである。

そもそも、経済活動そのものの真骨頂が、この欲と矩の黄金バランスにあると筆者は思う。経済活動が、多分に人間の欲に後押しされて動くものであることは間違いない。もっと稼ぎたい。もっといろんな事業に取り組みたい。人がやっていないことに挑んでみたい。そのような願望や熱望に駆られて、人々は経済活動を展開する。だが、それと同時に、経済活動は、あくまでも人間を幸せにするという条件を満たしていなければいけない。人権の礎たる役割を全うしていなければならない。その意味で、経済活動が「矩を踰える」ことはあり得ない。経済活

動であるということは、おのずと「矩を踰えず」であることを意味している。いかに奔放に夢や切望の欲するところを追い求めていようと、決して矩を踰えることはない。これぞまさしく、経済活動の原点的な姿にほかならない。孔子大先生は、特段、経済活動に着目して欲と矩の関係を説かれているわけではない。だが、さすがに偉大なる哲学者は、おのずと経済活動の本質も見抜かれている。

ところで、本人がこれをいうのは実に気が引けるが、「心の欲する所に従えども矩を踰えず」の「矩」は浜矩子の「矩」である。決して、孔子にあやかるというので、この名がつけられたわけではないらしい。親からそう聞いたことは、一度もない。ある時、我が「矩」があの「矩」であることを発見してびっくりした次第だ。孔子の言葉が経済活動の本質に通じると気づいた時には、さらにびっくりした。大先生のお言葉をたてに、「誰も矩子を踰えられない」などと僭越な見得を切るつもりは毛頭ない。だが、実をいえば、ほんのちょっぴりだけ、ふんぞり返りたくなっている。

余談ながら、実年齢的にいえば、筆者は論語における「耳順う」の領域に踏み込んで3年余りが経過したところだ。「心の欲する所に従えども、矩を踰えず。」の境地までは、まだ少々間がある。そういっているうちに、年齢だけはまたたくまにそこに到達する恐れがある。まだ、充分に「耳順う」の領域にさえ達してはいないのに。欲と矩の黄金バランスが備わっているはずの領域に踏み込んでしまって、アップアップしていることだろう。恐ろしいことだ。心しておかなければいけない。さしあたり、「耳順う」ことを心がけることが、とても重要だ。そもそも、「耳順う」が出来ない者、すなわち、人が言うことにしっかり耳を傾けられない者、人が言うことをしっかり聴き取れない者に、欲と矩の黄金バランスは絶対に無理だ。だから、こういう順序になっているわけだ。聞く耳もたぬ者に、悟りは開かれず。大いに納得である。

## ●もらい泣きの経済学

それにしても、我々の実践的経済活動が「心の欲する所に従えども矩を踰えず」の原理に従うものとなるには、何が決め手なのか。その勘所はどこにあるのか。これについても、やはり、ある先人がちゃんと答えを用意してくれている。その人の名はアダム・スミス。経済学の生みの親として位置づけられている人である。彼が、かの「国富論」という著作を世に出したことによって、経済学が誕生した。そのように認識されている。そのアダム・スミスは、経済活動の本質的な有り方についてどのように考えていたか。それを我々によく教えてくれるのが、彼が「国富論」に先だって取りまとめた「道徳感情論」である。その冒頭で、先生は次のように言っている（訳は筆者）。

「およそ人間というものは、実に利己的にみえる。だが、そのような人間たちの中にも、他人の運命に関心を抱くという本性が備わっている。その本性があるため、人間は他者の幸せを願う。彼らが他者の幸せから得られるものは、それを目の当たりにすることに伴う喜びだけだ。それ以上の何物でもない。それでも、人間は他者の幸せを必要とする。人間がこのような思いを持つのは、そこに哀れみや共感が働くからだ。哀れみや共感があるから、我々は他者のみじめさを目の当たりにしたり、それを鮮明にイメージ出来た時に、同情を感じる。他者が悲しんでいるのをみて、我々も悲しくなる。人間においてこのような感情が働くというのは、あまりにも言うまでもないことだ。特に事例を引いて示すまでのことはない。この感情は、多くの人間的情念がそうであるように、誰にでも備わっている。何も、清らかで人間性溢れる人々だけに限られた特性ではない。むろん、そのような人々であれば、そうした感情を至高の感性を持って豊かに味わうことが出来るだろう。だが、どんなにとてつもない悪党であろうと、どんなに名うての違法行為の常習犯であろうと、共感性と全く無縁ではありえない。」

我、共感す。したがって、我、人間なり。先生はそのように考えているわけだ。人の悲しみに思いを馳せて悲しむ。人間である以上、誰もがこの感性を持ち合わせている。人間とは、その個別特性のいかんを問わず、そういうものだ。悪党であろうと、聖人君子であろうと、そこは同じだ。これが先生の発想の拠って立つところだ。経済学の生みの親が、人間をそのようなものとしてとらえているのである。経済活動というものの解析に初めて本格的に挑んだ人。それがアダム・スミスだ。その彼が、経済活動を営む唯一の主体である人間について、このような見方をしている。人のために泣ける人。経済学の生みの親がイメージする経済活動の担い手たちは、そのような人々だ。人の痛みを我が痛みのごとく感じ、その共感とともに人のために涙する。経済活動の主人公たちは、もらい泣きが出来る人々だとみつけたり。これが、先生の人間観であり、経済観だ。そのように言うことが出来るだろう。

くしくも、この「もらい泣きの経済学」の世界と、孔子が語る欲と矩の黄金バランスの世界は、全く同じ世界だといっていいのだと思う。人のために泣ける人。人の痛みを我が痛みとして受け止めることが出来る人。そのような人々は、たとえどれほど自分が欲するところにしたがって邁進していても、矩を踰えることはないはずだ。もらい泣きが出来るような感性を有する人が、他者の人権を踏みにじって平気であるということは、有り得ない。無神経に人を泣かせるような行動に及ぶということが、人のために泣ける人に出来るわけがない。かくして、束の偉大な哲学者と西の偉大な経済学者が、二人して同じことを言っている。

人のために泣ける人とは、どのような人か。思うに、そのような人は大人だ。大人と子どもの最大の違いはどこにあるか。それは、子どもは人のために泣くことが出来ないということだ。新生児は、決して人のために泣くことが出来ない。生まれたての赤ちゃんが涙するのは、どういう時か。それは、自分がお腹がすいた時。自分がお腹が痛い時。自分のおむつがぐしょぐしょで、自分が気持ちが悪い時。そんな生まれたての赤ちゃんには、アダム・スミス先生がいう共感性は、まだ目覚めてはいない。孔子先生が指摘する欲と矩の黄金バランスは身についていない。共感性と黄金バランスは。赤ちゃんが育って行く過程で次第次第に育まれて行く。そして、一人前の大人に育ち上がった時、かつての赤ちゃんは、経済活動の担い手にふさわしい感性を身につけている。このように言うことが出来るだろう。

この観点から改めて考えてみれば、取り戻したがり病の本質がよくみえて来る。それは、「大人子ども」病だ。外見は大人なのに、中身は子ども。人の痛みが解らず、人のために涙することが出来ない。人から人に対する共感性を奪う。欲と矩の黄金バランスを可能にする感受性を奪う。それが、取り戻したがり病のタチの悪さの正体だ。現に、孔子先生は、欲と矩の黄金バランスは、70歳にして初めて人に備わるのだと言っているではないか。取り戻したがり病患者たちが強さと力に恋い焦がれるのは、彼らの幼児的狂暴性の表れだ。強くなければだめだ。力無き者には、誇りあることが許されない。お山の大将になれなくっちゃ、人生、展望は開けない。やっつけなくっちゃ。蹴散らかさなくっちゃ。常に勝者でいなくっちゃ。この稚拙な感受性が、取り戻したがり病がもたらす毒だ。アダム・スミス先生は、どんな悪党にでも共感性はあると言われる。だが、ひとたび、取り戻したがり病に取りつかれてしまえば、その前提さえ崩れてしまうということらしい。

アダム・スミスの経済学が「もらい泣きの経済学」なら、取り戻したがり病が生み出すまがい物の経済学は、さしずめ「人泣かせの経済学」というところだろう。真の経済学である「もらい泣きの経済学」と偽の経済学である「人泣かせの経済学」が綱引きをする時、勝利するのは、必ず「もらい泣きの経済学」だ。なぜなら、「人泣かせの経済学」には、破壊の力学しか宿っていない。強い者ばかりがより強くなる。大きい者たちだけがひたすらより大きくなる。この道は、結局のところ共食いを通じて死に至る道だ。もらい泣きすることが出来る者たちは、お互いに支え合う。生かし合う。この構図の中からこそ、人間による人間のための営みとしての経済活動が生まれ出る。実はいたってシンプルな話だ。

# 第三章

# 今の日本はどんな経済、何が必要？

本書の序章で、経済政策の役割について考えた。その役割は、一に均衡回復であり、二に弱者救済だった。この両者が完全に表裏一体の関係にあるという点についても、ご一緒に確認させて頂いた。このような表裏一体の使命を担う経済政策は、今、日本において何を課題とすべきなのか。どのような問題の解決に取り組むべきであるのか。本章では、この点に焦点をあててみたい。今の日本経済は、そのどこがどのようにバランスを崩しているのか。そのことによって、弱者たちはどのように傷つき、どのような形での救済を求めているのか。これらのことを追求してみたいのである。

それをすることは、前章でみた経済活動のあるべき姿との関係で、今日の日本経済にどのような問題が生じているのかを見極め、その問題の解消に向かって糸口をつかむことにもつながっていく。なぜなら、均衡を崩しているがために人を痛めつけている時、経済活動はそのあるべき姿からすっかり遠ざかってしまっている。したがって、今日の日本における経済政策の課題を正しく見定めることが出来れば、日本経済を経済活動の原点的有り方に立ち返らせる筋道もまた、見えて来るわけだ。このような認識の下で、日本経済の現状を謎解きしていこう。

## ●壊れたままのホットプレート

いつの頃からか、筆者は日本経済が「壊れたホットプレート」化していると思うようになった。ざっくり言えば、21世紀に入ってしばらくした辺りからである。そして、この問題は、いまなお、解消していない。それどころか、むしろ深刻化の一途をたどって来ているといわなければならない。２００９年に民主党政権への政権交代が実現した時、ようやく政治家たちがこの問題に目を向け始めるかにみえた。だが、彼らの視線がしっかりそこに定まる前に、政治状況が再び変わってしまった。壊れたホットプレートは、依然として修復されないままの状態にある。それどころか、その不具合を政策が助長している感さえある。まずは、この問題に焦点をあてるところから始めたい。

壊れたホットプレート問題とは何か。この点については他著でも言及して来ているが、改めて整理させて頂けば、以下の通りだ。ホットプレートという電気器具については、申し上げるまでもない。皆さんのご家庭でもお使いになっているだろう。要は、鉄板焼きの鉄板が少々高機能化したものである。このホットプレートという器具には、その品質と有用性の決め手となる条件が一つある。それは、その鉄板上にむらなく熱が行き渡ることである。満遍なく、全体に程よく熱が伝わり広がらなければいけない。そうであればこそ、おいしい焼肉が食べられ、お好み焼きも、ホットケーキもいい感じに仕上がる。ホットプレートというくらいであるから、プレート全体が均等にホットになる必要がある。

ところが、ホットプレートにも、たまには出来の悪いものがある。熱が均等に行き渡らないのだ。そのような欠陥ホットプレートの場合、そのある部分は、通電するとたちどころに熱くなる。たちどころすぎて、そこに食材を置くと下手をすればあっという間に黒焦げになる。ところが、逆に、いくら通電し続けても、一向に熱くならない部分もある。そこに置かれた食材は、いつまでたっても生のままだ。

これでは、ホットプレートとして用をなさない。ホットプレートでございますと言いながら、その実態は、ホットスポットとコールドスポットに二極分化してしまっているのである。ホットスポットは熱々過ぎて、コールドスポットは冷え冷え過ぎる。炎熱地帯と永久凍土に二分されてしまっているのでは、ホットプレートの名が廃る。

だが、これぞまさしく、日本経済の今日的姿だ。筆者にはそうみえる。日本経済という名の壊れたホットプレート上において、炎熱地帯に陣取っているのが、富裕層であり、大企業であり、ベンチャー・ビジネスの立ち上げで一攫千金を手にした起業家たちなどだ。このエリアでは、ちょっと株が上がったりすれば、すぐ盛り上がる。高額商品がどんどん売れ始めたりする、ちょっと円安が進めば、業績の円建て数値が膨らんで勢いづく。

かたや、欠陥ホットプレートの永久凍土地帯に押し込められているのが、非正規雇用者たちであり、ワーキングプアと言われる人々だ。貧困世帯と分類をされてしまう家庭の皆さんだ。そして、構造的な長期失業者たちである。彼らの居場所はいつも冷たい。株が上がろうが、春闘賃上げ率の看板数値が高めに出ようが、人手不足が叫ばれようが、一度、ホットプレート上のコールドスポットに追い込まれてしまうと、そこから脱出することは至難の業だ。

## ●ホットプレートはいつ壊れ始めたか

前述の通り、筆者がこの壊れたホットプレート現象を意識し始めたのは、今世紀に入った当初辺りからのことである。１９９０年代の「失われた10年」といわれた時期に一応決着がついて、２００２年ぐらいからいざなぎ超えの景気拡大というのが始まった。ちょうどこの辺の時期から、ホットスポットとコールドスポットへの日本経済の二極化現象が進行し始めたのである。失われた10年の最中ではなくて、底を脱したところから、この問題が広がり始めたのである。この点は、改めて確認しておいていいだろう。世の中というのは、概してこういうものだ。大きな災難は、人々を等しく痛めつける。だが、惨事のピークを過ぎたところから、個別事情を反映した違いや足並みの乱れや仲間割れなどが目立つようになる。

1990年代を通じて、日本経済はいわば丸ごと集中治療室に入っていたようなものである。銀行の不良債権問題が重くのしかかり、デフレがデフレを呼ぶ悪循環の中で、経済全体が仮死状態に陥っていた。ゼロ金利政策や金融機関への公的資金注入というような生命維持装置なしには、生きながらえることが出来ない状態にあった。つまりは、ホットプレートそのものが全体として機能不全状態に陥っていたわけである。ホットスポットもコールドスポットもない。全体がコールドプレートと化していた。

だが、何とか退院という段階になると、状況は直ちに変わり始めた。病院を出ると、そこはジャングルだった。病み上がりだのなんのとは言っていられない。仮借なき淘汰の論理が、日本経済を待ち受けていた。グローバル競争への対応力を、大急ぎで身につけなければならない。焦りと狼狽が日本企業たちを襲った。グローバル・ジャングルは確かに淘汰の論理が働く場所だが、その土台には、共生の生態系としての支え合いの構図がある。だが、病院の門を出たとたん、目の前にジャングルの光景が広がっていた日本企業たちには、そのことを見抜くゆとりがなかった。彼らは、ひたすら大慌てで、生産性のさらに一段の向上と競争力の強化めがけて疾走し始めた。成果主義経営が一気に広がり、スピードと効率と世界標準への順応力が企業経営の命運を握ると目されるようになっていった。その中で、人に関する企業の選別と差別が急速に目立つようになる。グローバル競争に打ち勝つために、役に立つ者たちは、断固、確保する。淘汰の試練を勝ち抜く上で、お荷物になりそうなものは徹底的に排除する。底辺的人員は、出来る限り安上がりにこき使う。こうした企業行動が、すっかり当然視されるようになってしまった。

このように書けば、あたかも、日本中の企業がそれこそ企業経営の名に値しないブラック集団と化してしまったように聞こえる。これは、少々言い過ぎだ。厳しい環境の中にあっても、必死で人を大切にする経営を貫いて来た企業は数多く存在するはずだ。たとえ成果主義経営の道に走ったとしても、そのことに伴う問題性を充分に意識しながら、涙を呑んでサバイバルのための選択に踏み切った企業の数は、さらにもっと多いだろう。確信犯的にブラック化した組織・集団はむしろ少数派だったに違いない。確信犯たちについてさえ、個別的な選択としてみれば、その方向感を全否定することは出来ない。

だが、問題は、個別的に正しい選択の集合体が、全体としても正しい選択につながるとは限らないということだ。時として、全ての個のレベルで合理的な選択がなされているのに、それらの個によって構成される全体集合としては、全く合理性のない状況が現出してしまうことがある。この現象を、ご承知の通り「合成の誤謬」という。災害時に個々の家計が必需物資の備蓄を急ぐ。これは実に合理的な選択だ。だが、全ての個別家計がこれをやり始めると、経済社会全体が物資不足に陥る。これほど、非合理的な結果はない。だが、このような合成の誤謬は実に発生しやすい。

そして、合成の誤謬は、必ず当該集団を窮地に追い込む。それを思えば、個々のレベルで一見すれば合理的にみえていた選択も、結局のところは不合理だったと考えるべきだろう。その意味で、合成の誤謬の本質的な問題は、個々のレベルでの視野狭窄性にあると言えるかもしれない。だが、背に腹は代えられない状況の中で、人々にそんなことを考えているゆとりがあるか。実に難しい問題だ。だが、少なくとも、このような問題が存在することを、我々は意識しておく必要があるだろう。頭の片隅に全体イメージがありながらも、とりあえず個別的な逃げに走るのと、全く全体のことなど頭のどこを探しても見当たらないのでは、やはり違う。我が家のために買いだめに走る際にも、カップ麺を20個ゲットしたいところを、誰もが10個で踏みとどまっていれば、全体へのダメージは半分で済む。

それはさておき、いきなり放り込まれたグローバル・ジャングルの中で日本企業たちが必死で自己保存に走った結果、日本経済の壊れたホットプレート化現象が発生したのであった。その限りでは、この現象を引き起こした張本人がチーム・アホノミクスだというわけではない。だが、彼らの今のやり方が続けば、ホットプレートの壊れ具合はますます深刻化して行くだろう。彼らの先輩格に当たるチーム・小泉劇場が、初期のホットプレート現象を放置したこと、そして、この現象をもたらす企業の個別行動を大いに賞賛したことの問題性も、見逃すわけにはいかない。

さて、ここまで来れば、本章の冒頭で提示した問いかけに対する答えは、既にその骨格が明らかになったといえる。冒頭の問題提起は、今日の日本経済がどのような不均衡問題を抱えており、それがどのような形で弱者を傷つけているかということだった。このことの解明は、とりもなおさず、今日の日本における経済政策がどこに焦点を当てるべきなのかという問題への解答にもつながっていく。この点についても、冒頭で確認した。

この段階で、これらの命題に関して言えることは何か。まず、第一に、今の日本経済がどのような意味で不均衡化しているかは、明らかだ。日本経済という名のホットプレートは、ホットスポットとコールドスポットに二極分化している。これを不均衡と言わずして、何を不均衡というのか。これほどのバランスの崩れ方もない。そして、第二に、このバランス失調のおかげで、ホットプレートのコールドスポットに放り込まれた人々が非人間的な状況の甘受を強いられている。彼らこそ、救済を必要としている弱者、救済される権利ある弱者たちだ。

以上が、ここまで考え進んで来たことに伴う第一次的発見だ。これを踏まえた上で、先に進もう。チーム・アホノミクスがもたらす壊れたホットプレートの欠陥悪化問題については、後ほど立ち戻りたい。

## ●豊かさの中の貧困

壊れたホットプレート現象を別の言い方で言えば、「豊かさの中の貧困問題」と表現することが出来ると思う。日本は実に豊かな国だ。世界に冠たる豊かさを欲しいままにしている。そういっても決して過言ではない。あり余るモノと、溢れんばかりのカネと、行き届き過ぎるサービスと面白すぎるエンタメ。こんな経済社会はほかにない。海外でのお仕事や生活経験が長い方々ほど、このことを痛感されていると思う。このかゆいところへの手の届き方は何なのだ。そう感じられると思う。誠にすさまじき「おもてなし精神」の国である。そして、それを可能にする豊かさが実に高く深く形成されている。逆にいえば、至れり尽くせりを追求するこの徹底した精神が、この豊かさを生み出して来たとも言えるだろう。誠に誠に賞賛に値する。

ところが、かくも繁栄を謳歌する日本の経済社会のただ中に、壊れたホットプレートのコールドスポットに住む人々の苦境がある。彼らの痛みと困窮がある。こんなに不可思議な話はないだろう。経済社会が全体として貧しいのであれば、その構成員たちが貧しさにさいなまれることに、不思議はない。許されないことだが、そこに、それこそ合成の誤謬的な不整合関係が存在するわけではない。国の貧しさが人々を貧しくしている。そうなのであれば、国を豊かにすることが人々を貧しさの淵から救出することにつながる。だが、国が既に豊かな中で、貧困スポットに落ち込んでいる人々がいる時、国をより豊かにすることが彼らを救えるか。

貧困率という経済指標がある。まず、ある国の人々の年間所得の平均値を計算する。この数値の半分の水準を、貧困線という。この貧困線を下回る所得層の対総人口比が貧困率だ。

日本の場合、貧困線は概ね120万円だ。この貧困線以下の所得水準に甘んじている人々の人口比は、最近の数字でいえば16％強である。概ね6人に1人が貧困者だということになる。日本のような豊かさの中にあって、このようなことがあっていいのか。このバランスの悪さをどう考えればいいのか。貧困率の低さに関する国際比較で常に上位を占めているのが、北欧諸国だ。彼らの貧困率は、概ね5～6％の水準で推移している。経済の規模や富の蓄積度という意味では、日本の方が彼らよりもはるかにスケールが大きい。それなのに、日本の貧困率が彼らのそれを桁違いに上回っているのである。これは、明らかに奇異なことだ。

このような不均衡を抱え込みながら、日本経済はどうすればまともに機能して行けるのか。日本における経済活動は、このような状況の下で、どうして人間を幸せに出来るようなパフォーマンスを発揮出来るというのか。人口比16％というようなスケールで貧困にあえぐ人々がいる中で、なぜ、日本経済はデフレから脱却出来るのか。

このように言うと、チーム・アホノミクス的感性の持ち主たち、すなわち取り戻したがり病に犯された人々からは、次のような二つの反論が提示されそうだ。第一に、それは本末転倒だ。第二に、トリクルダウン効果があるじゃないか。こうした反論の問題性についても、先に触れたチーム・アホノミクスがもたらす壊れたホットプレートの欠陥悪化問題と併せて、本章の末尾で考えたいと思う。そこに到達するまで、これらの「想定反論」について脳内に付箋を立てておいて頂ければと思う。

## ●勢いから蓄えへ

「反論への反論」に向けて脳内付箋を立てたところで、今日の日本経済について、そのプロフィールをもう一息ワイドなアングルからみておこう。豊かさの中の貧困の背景には、どのような経済的風景が広がっているのか。そこに目を向けることで、我々が当面する問題の焦点をさらにシャープに見極めてみたい。

今日の日本経済について、その特徴を的確に描出し、その強みを強調した推薦状を書くとすれば、決め打ちポイントはどこか。間違いなく盛り込むべきキーワードは何か。間違いなく頭に浮かんで来るのが、「ストック大国」と「成熟経済」の二つである。

いまや、日本は地球経済の中でも有数のストック大国だ。それはどういうことか。ストック大国とはどのような国か。この点を抑えるためには、まず、ストックとフローの関係を整理しておく必要がある。ストックを日本語でいえば、要は「蓄え」だ。企業が手元に持っている在庫も、英語でいえばストックだ。蓄積や資産のことである。フローは「流れ」だ。その時々に、経済活動がどれだけの勢いを持って流れているか。それがフローの概念だ。

かつて、日本経済はフローの経済だった。戦後間もない時点から高度成長期を通じた期間がその時代であった。敗戦によって焼け跡経済と化した。その時点で、蓄えは消え失せた。資産はない。ストック無き経済となってしまった。だが、そこから敢然と立ち直すための勢いに関しては、驚異的なパワーが炸裂した。今の中国顔負けの成長力を発揮した時代である。逆にいえば、フローは十二分にあるが、ストックが何とも貧弱だ。そんな嘆き節とも言える自己診断が一般化していた時代でもあった。１９６０年代末から70年代に足を踏み入れる辺りの時期まで、盛んにそんなことが議論をされていた。こう申し上げると、「そういえばそんなことを言っていたな」と思い出される方もおいでになるだろう。

あの頃、日本人たちは本当によく頑張っていた。蓄えなき者は勢いで勝負だ。その気概に満ち溢れた企業戦士たちが、24時間働き抜くぞと気合いを入れていた。そんな日本のサラリーマン魂が、世界を瞠目《どうもく》させたものである。反面、そんな日本の企業戦士たちにも、少々いじける面があった。いくらフローで頑張っても、やっぱりストックの豊かさの前では顔色なしだよな。赤提灯の飲み屋の片隅で、そんなふうにみんなで溜息もついた。フランス人なんか、バカンス二か月だもんな。家は広いし、別荘はあるし。あれがストック経済の余裕だよな。こんな具合にいささか意気消沈しながらも、だからこそ、我々はフローで勝負するのだと、気を取り直す。そんな時代が日本にあった。その当時、日本人たちは「エコノミック・アニマル」なのだといわれ、「うさぎき小屋」並に小さな家に住んでいるのだと言われた。そんな日本人のカリカチュア・イメージが世界に広まった。面白いことに、当時の日本人たちは、そんな言われ方をしても、さほどいきり立つことは無かった。そう言われても仕方がないかと頭を掻きつつ、むしろ注目されるようになったことを有り難くさえ思っていたと言えるだろう。世界の目が自分たちに向かうようになったことで少しはにかみつつ、結構、喜びながら、猛烈社員たちは今日も行く。フローの時代はそんな時代だったのである。こうしてみれば、フローの時代は、存外に日本人たちの自己肯定感が強かった時代だったと言えるのかもしれない。

だからこそなのか、日本経済に関する「フローが強くてストックが弱い」というイメージには、今なお、実に根強いものがある。だが、客観的実態は全く正反対だ。今の日本は、「フローは弱くなったが、ストックに関しては抜群に強い」経済だ。前述の通り、日本には富が満ち溢れている。個人金融資産の残高は世界一。対外資産の規模も世界一。いわゆる国富という経済指標ではかった国の豊かさは世界有数だ。日々の実感としても、我々は豊かさに抱かれて生活している。経済社会的インフラの充実ぶりが凄い。そんな環境の中に我々は生きている。そうであればこそ、この豊かさの中に貧困問題が存在することに、実に深い疑念が湧いてくるわけだ。

ここまでストック大国化して来ているということは、言いかえれば、日本経済がそれだけ成熟経済化しているということにほかならない。完成度が高まって来ているわけである。戦後の焼け跡状態を出発点として、圧倒的な勢いをもって成長期を駆け抜けた。その結果、すっかり立派な大人の経済に育ち上がった。その成熟ぶりが、今の日本の津々浦々の街並みに、それらの街並みの間をつなぐ交通網の発達度に、我々が享受する日々の利便性の中に滲み出ている。こうして、日本経済はフローの経済からストックの経済に進化した。

ここでポイントとなるのが、進化という言葉だ。なぜなら、このような話の流れの中では、下手をすると危険な誤解が発生する恐れがあるからだ。

それというのも、いまやフローの時代ではなくてストックの時代だというふうにいうと、それが、「もはや成長の時代は終わってしまった。」という慨嘆につながる危険性があるからだ。もう成長出来なくなってしまったんだなぁ。そのような成長なき時代をどう生き抜くかを考えなければいけない時代を迎えたんだなぁ。そんな感慨に浸る皆さんがおいでになるかもしれない。フローの時代の戦士たちがそのように嘆きたくなる気持ちは解る。だが、それは端的にいってノスタルジーだと思う。我々は、「成長の時代を失った」のではない。「成長の時代を脱した」のである。成長の時代を通過し切った者たちが、再び成長の時代に戻る必要はない。それは後退だ。次の次元に向かって飛躍するためには、未熟だった頃の論理に退行してはいけない。フローの時代を卒業した日本経済は、ストックの時代をどう賢く生きるかというテーマにチャレンジしなければいけない。そこを誤解して、「ストックは手に入れたが、フローは失った。だから、今はフローの勢いを取り戻すべき時だ。」などというふうに思ってしまうと、その道はチーム・アホノミクスの時代錯誤的なる道に合流してしまう。

## ●経済が成長を必要とする時

過去における成長の成果として、今の成熟がある。この成熟時代をどう上手に生きるか。どう上手に楽しむか。それが今日的課題だ。何とかして成長の時代をそれこそ「取り戻す」ことに固執し始めると、発想の流れがおかしくなる。むろん、成長してはいけないということではない。成長をことのほか忌み嫌う必要はない。ただ、成熟経済にとって成長は結果だ。もはや、目標ではない。成熟経済は、それが上手く回っていれば、その結果として一定の成長もまた、実現することが出来る。

成熟した大人にとって、重要なのはバランスである。この間、再三強調して来た通り、元来、経済活動にはバランスが本質的に不可欠だ。経済活動が、その本来のミッションに則って人間を幸せに出来るためには、均衡が保たれていなければいけない。それが基本だ。そして、その基本が最も重要な意味を持つのが、成熟経済においてである。成熟経済の域に達すれば達するほど、バランスが重要になる。逆にいえば、バランスがおのずと達成出来ないようであれば、成熟経済だとはいえない。ここにまた、欲と矩の黄金バランスの定理が通底的テーマとして顔を出す。

要は、一人の人間の人生と同じことだ。生まれたての赤ちゃんが発育していく中では、成長することが非常に重要になる。どんどん大きくなっていかなければいけない。その途上で多少バランスが崩れても、そんなに心配することはない。小学生から中学生に差しかかって行く辺りでは、びっくりするほど背が伸びる。そのため、体の均整が少々崩れることもある。だが、だからといって、そのまま巨人になってしまうわけではない。おのずと、落ち着くところに落ち着いて行く。少年期のまたある時期には、急に太り出すこともある。こういうのを、英語で puppy fat（パピー・ファット）という。Puppy は子犬、fat は脂肪あるいは太いの意だ。子犬のようにコロコロ丸くなるから、puppy fat である。この幼き太り現象をみて、その先に深刻な肥満問題が待ち構えていると思い込む必要はない。確かに、昨今は子どもの肥満問題も深刻化している。だが、普通に成長過程を歩んでいる子どもなら、その折々にバランスが崩れても、一々、パニックに陥ることはない。

これに対して、大人の体には、バランスが実に重要だ。いい大人の身長が急に伸び出せば不気味だ。急に太り出せば、生活習慣病を気にする必要がある。突然、筋肉が増えてくれば、ドーピングを疑わなければならない。大人にとって、体のバランスが崩れることの中には、多くの危険信号が内包されている。

ざっくり言えば、一国の経済が成長を必要とする場面は二種類あるといえるだろう。その一が、「これから全てが始まろうとする時」だ。要は生まれたての経済である。これから経済的に離陸し、人々により豊かな生活を提供していかなければならない。人々が飢えや貧困のために早死にするような状態から脱却していかなければならない。そのような場面においては、電気、水道、道路などのインフラ整備が急がれる。この要請に対応して投資を進めれば、そのことがおのずと経済活動の規模の拡大、すなわち経済成長につながって行くわけだ。

経済が成長を必要とする場面その二が、「これまでの全てを失ってしまった時」である。その典型が敗戦後の日本の姿だ。焼け跡経済のイメージである。生産設備やインフラの再構築にどんどん取り組んでいかなければならない。そうしなければ、せっかく平和になったのに、人々の生活が成り立たない。人々が再びまともに生きて行けるようにするために、投資を急ぎ、生産活動を活発にしていかなければならない。これらの目標に向かって邁進することが、すなわち経済を成長させることにほかならない。投資が増え、生産が増えることで、経済成長率が高まって行く。そして、経済活動の規模が拡大する。こうして「成長する経済」を実現することが、焼け跡状態からの脱却をもたらすわけである。だからこそ、戦後の日本は高度成長期を体験した。サバイバルのために成長することが必要だったからこそ、成長したのである。

そこで、現在の日本に目を転じればどうか。今の日本経済は、「これから全てが始まろうとする経済」でもなければ、「これまでの全てを失ってしまった経済」でもない。したがって、今の日本経済が本当に必要としているのは、成長することではない。成熟経済にふさわしい均衡の姿を発見することだ。成長ばかりを追い求めていると、この重要な命題から目と思いが遠ざかってしまう。均衡を追求していれば、成長はおのずと、そして必要な限りにおいて付いて来る。それが成熟経済をみる見方なのだと思う。

ここで一つ、確認しておくべきことがありそうだ。皆さんの中に、次のような疑問が発生してはいないだろうか。「これから全てが始まろうとする時」が今の日本に当てはまらないというのはいい。納得だ。だが、「これまでの全てを失ってしまった時」については、どうか。これが、今の日本に全く当てはまらないといえるか。被災地の場合はどうか。あの3・11東日本大震災の被害者の皆さんは、あの大惨事によって全てを失ってしまったと言えないか。その他にも、台風や火山の噴火や堤防の大決壊などのせいで、あるいはまた巨大な事故の犠牲者となって、家財・資産の全てを奪われてしまった方々がおいでになる。こういう場合は、どうなのか。

実にごもっともな疑問点である。おっしゃる通り、成熟経済の中にあっても、天災や人災のせいで、人々が全てを失うという悲惨な事態は発生する。そのことの重みはしっかり受け止めなければならない。ただ、忘れてはいけないことがある。それは、このようなケースでは、経済活動がその総体として全てを失っているわけではない。全く無傷な成熟経済のさなかで、一部の人々の生活が破壊されている。そういう状況だ。この場合にも、経済全体が成長することを必要としているといえるか。そうではないだろう。この場合に求められるのは、傷ついた地域に対する無傷な地域からの支援だ。全てを失ってしまった人々への、全てを手に入れている人々からの援助だ。福島の悲劇が続いているのは、日本経済の成長率が加速していないからではない。被災地に対する支援が上手く行っていないからである。有り余る富が存在しながら、その富を被災地の人々の役に立てることが出来ていない。被災地帯と無傷地帯との間に格差が生じてしまっている。このような形でバランスが崩れていること、不均衡が発生していることにこそ、問題がある。これもまた、新たな欠陥ホットプレート問題にほかならない。無傷地帯で発生している熱が、被災地帯に上手く伝わらない。被災地帯の永久凍土化をよそに、無傷地帯でオリンピック・バブルなどが取り沙汰されている。

この格差を埋めるために必要なのは、成長ではない。分配である。日本経済が壊れたホットプレート化しているのも、分配機能が働いていないからである。熱を全体に上手く行きわたらせる。これが分配機能だ。この機能が発揮されるためのパイプが詰まってしまっている。どうかすれば、逆流現象を起こしかねないような状態にある。ここが、今の日本の最大の問題だと思うのである。

ここまで話が進んで来ると、次第次第に、先に脳内付箋を立てて頂いた「反論への反論」問題に取り組む場面が近づいて来る。そこに踏み込むための最後の確認作業として、今、ちょうど話題として登場した分配機能というものの位置づけを考えておこう。

## ●経済活動の形は何型？

ここで、経済活動の構成要素について考えてみよう。経済活動が人間の営みであることは既に検討した通りだが、構造的に考えた時、経済活動はどのような要素によって成り立っていると言えるだろうか。どのような形をしているのだろうか。

筆者は、経済活動の形は三角形だと考えている。この三角形の三辺を構成するのが、「成長」と「競争」と「分配」である。三角形という図形が最も均衡がとれていて、バランスのいい姿を呈している時、そのような三角形を我々は何と呼ぶか。言うまでもなく、それは「正三角形」である。そして、正三角形の定義は何かといえば、むろん、それは三辺の長さが皆同じだということである。つまり、経済活動の三角形は、「成長」と「競争」と「分配」の三辺の長さが皆同じになっている時、最もバランスが取れている。均衡状態にある。まずは、このように考えていいだろう。経済活動の三大要素である成長と競争と分配が、皆、均等な力をもって組み合わさっている時、そこに経済活動の理想的な均衡状態が達成される。これぞ、経済活動の「黄金の正三角形」なり。そのように言うことが出来るだろう。

ただ、経済活動は生き物だ。まさしく人間の営みである。そうである以上、経済活動に静止状態というものはない。常に動いている。経済活動は動態である。したがって、ひとたび、黄金の正三角形状態に到達すれば、もはや、全く形が変わらないというものではない。絶えず黄金の正三角形状態を模索しつつ、その周りでめまぐるしく動いている。成長と競争と分配の三辺の長さは絶え間なく変化している。動く三角形だ。

動く三角形の形状は、様々な力を受けて変化する。日々の微妙な変化もあれば、長期的・構造的な変化もある。意図された変化もあれば、意図せざる変化もある。問題は、政策や政治の意図が、経済活動の三角形を本来あるべき姿とは違う方向に形状変化させようとする場合だ。だが、この問題の検討に一気に踏み込むのは先走りだ。ひとまず、もう少し、整理を進めよう。

前項までで、経済にはフローの経済とストックの経済があること、そして大きくなることが課題の子ども経済と、バランスが最も肝要な大人経済があることを確認した。さらには、経済が成長を必要とする二つの局面についても検討した。これらのことと、経済活動が成長と競争と分配を三辺とする三角形であるという本項のテーマを掛け合わせると、何がいえるか。

子ども経済から出発して考えてみよう。子ども経済は、フローの経済だ。幼子に蓄えはない。だが、勢いは間違いなくある。その勢いをもってどんどん成長しなければ、子ども経済は発育出来ない。まさに、これから全てが始まろうとする幼年期においては、間違いなく、成長することが全てだ。ということは、経済活動の三角形としてみれば、「成長辺」が最も重要な辺だということになる。

ただ、何時まで経っても成長の辺だけに頼っているわけにはいかない。ある程度まで発育してくれれば、そこから先は競争の辺も重要な役割を果たすことになる。これから全てが始まろうという段階では、競争で内輪もめをしているわけにはいかない。それでは、効率が悪い。まずはみんなが同じ方向を向いて成長軌道を邁進する。それが必要だ。だが、ある程度の発展段階に達すれば、誰もが同じ方向ばかり向いていることは、停滞につながる。多様なる者たちの切磋琢磨が必要になる。この段階になると、競争の辺も存在感を強めなければならない。

既に育ち上がった大人の経済であっても、敗戦直後の日本のように、「これまでの全てを失ってしまった」状態に陥れば、まずは経済活動の三角形において成長の辺を強化しなければならない。焼け跡経済は、ストックはおろか、フローさえ失った状態にある。そこから脱却するには、何はともあれ、成長の辺を立て直すことが急がれる。だが、復興もなり、発展も大いに進んで来たとなれば、競争なき画一経済化の罠に気をつけなければいけない。一丸となって序列正しく進むことに慣れてしまうと、誰も何も考えなくなる。経済活動が思考停止病に冒されることを避けたければ、競争の辺にも力強さを付与しなければならない。

子ども経済が大人経済に育ち上がり、焼け跡経済が成熟経済の領域に到達すれば、そこはストックの世界だ。蓄え豊かな成熟経済の三角形において、最も力を発揮しなければいけないのは、どの辺か。成長の辺が主役だった時代は過ぎた。競争が前面に出る時代も一巡した。そうなれば、いよいよ分配の辺が舞台中央に登場する番だ。全てを手に入れた成熟ストック経済も、その蓄えを分かち合うことが下手であれば、土台が次第に脆弱になって行ってしまう。せっかくの豊かさも、それが偏在し滞留してしまえば、何も生み出さない。豊かな蓄えがあるのに、それが一か所に集まってしまっているために、その場所に行けない人々が貧困の辛酸を舐める。こんなにばかばかしいことはない。そして、その状態を放置しておくことは、やがて、経済活動の三角形そのものの存在自体の危機につながる。

経済活動の動く三角形は、その三つの辺が、それぞれ、折々の経済の状態に最もふさわしい役割を果たしていなければ、その形が歪んでしまう。歪みがあまり大きくなると、三角形そのものが壊れてしまう。ここが肝心なところだ。分配の辺の活躍を必要としている経済活動の三角形において、成長の辺をむやみに引っ張り伸ばそうとすると、どうしても、競争の辺に過大な助っ人役を演じさせることになる。おのずと成長の辺が力を発揮する場面ならいい。だが、そうでない場面で成長力を上げようとすると、どうしても生産性の向上や競争力の強化にやたらと依存することになる。すると、そのことに役立つ者たちとそうでない者たちとの間の格差が広がり、富の偏在が進んで行く。それはすなわち、経済活動の三角形における分配の辺がどんどん縮まって行くことを意味している。成長の辺と競争の辺の挟み撃ちにあって、分配の辺が貧弱になる。そのようないびつな経済活動の三角形には、人々を幸せにすることは出来ない。

## ●反論への反論

さて、ついに「反論への反論」に挑む場面が巡って来た。ここまで来れば、そのためのイメージづくりは万全だ。

日本経済が壊れたホットプレート化してしまったのは、なぜか。それは、日本の経済活動の三角形において、本来であればストックのよろしき分配を考え始めるべき場面において、人々が成長のベクトルと競争のベクトルを再強化する方向に突っ走ってしまったためだ。その方向に彼らを駆り立てたのが、失われた10年による長期入院後に放り出されたグローバル・ジャングルの光景だった。その光景に官民挙げてパニックに陥った。パニックの中で成長と競争の追求に邁進したことが、日本経済のホットプレートに亀裂を走らせた。

ホットプレートがすっかり壊れてしばらくしたところで、「取り戻したがり病」患者たちが登場した。経済政策と外交安全保障政策の表裏一体論の下で、彼らは従来にも増して露骨に、そして徹底的に成長と競争のベクトルの強化に注力し始めた。極めて意図的に、壊れたホットプレートのホットスポットばかりをさらに熱くしようとする。強い者をより強くする。大きい者をより大きくする。そうすることで、表裏一体論が求める強い経済の土台を固める。その論理の中に、壊れたホットプレートのコールドスポットに目を向ける余地はない。彼らが頭に描く経済活動の三角形において、分配のベクトルは実に肩身の狭い位置に追いやられてしまっている。

いや、そうじゃない。それはおかしい。そう彼らは反論するだろう。そもそも、経済が成長しなければ、分配すべきものが出て来ないじゃないか。それが彼らの第一の反論だ。だが、この考え方は、ストックの経済をフローの経済と見間違っている。過去における勢いのおかげで、今、我々には十二分に蓄えがある。それを上手に分かち合い、壊れたホットプレートを、熱が均等に行き渡るまともなホットプレートに修繕してこそ、バランスの取れた経済に立ち戻れる。成熟経済には、その他のいかなる段階の経済にも増して、バランスが欠かせない。今こそ、均衡回復を使命とする経済政策がその本領を発揮する場面だ。そのことによって弱者救済、すなわち、壊れたホットプレート上の永久凍土の住人たちの救済がかなえば、日本経済の動く三角形は実に麗しく、実にダイナミックな安定性を有する姿になるだろう。

彼らの第二の反論への反論に進もう。想定される彼らの第二の反論は、「トリクルダウン効果があるじゃないか」であった。

強い者をより強くする。富める者をより豊かにする。こういうやり方をすれば、その恩恵は、やがて経済社会全体に波及する。強い者を弱くしようとしたり、富める者から富を奪ったりすることは、結局のところ、経済社会全体としての損失につながる。これが、いわゆるトリクルダウン的な考え方だ。トリクルは「滴る」の意。上から下に向かって滴れば、トリクルダウンだ。

この言葉については、まず、確認しておくべきことが一つある。それは、そもそも、この言葉は怒りと非難とともに使われ始めたということだ。下々の者たちは、上から落ちて来るおこぼれで食って行け。そんな論理で、金持ちを優遇するのはけしからん。もとはといえば、このような思いを込めて使われ始めたのが、このトリクルダウンという言い方なのである。だから、トリクルダウン効果があるかもしれないとか、これは要するにトリクルダウン政策です、というような言い方をする時、英語圏の人々は、多少なりとも後ろめたそうな声音になる。「大きな声ではいえないけれど、これって要するにトリクルダウン政策ですよね。」とか、「なんだかんだいっても、要はトリクルダウン狙いじゃないか。」というようなニュアンスで使われる場合もある。元来、政策方針としてあまり堂々と打ち出すようなテーマではないのである。さすがに、それに気がつき始めたのか、チーム・アホノミクスの面々も、あまりトリクルダウンという言葉自体は使わなくなっている。だが、「まずは大企業から。そして中小零細企業にも。」とか、「まずは中央から。そしてやがて地方にも」というような言い方には、やはり基本的に滴り落ち効果を主張したい思いが滲み出ている。

だが、この種のやり方が幅広い波及効果をもったためしがないことは、過去の事例が示している。イギリスでサッチャー政権が展開したサッチャリズムも、アメリカでレーガン政権が進めたレーガノミクスも、基本的に「強い者をより強くすること」をその波及効果を理由に正当づけた政策だった。だが、そのいずれの場合においても、喧伝されたような効果は発揮されなかった。二つのトリクルダウン政策がもたらしたものは、結局のところ、経済社会的な格差の拡大ばかりであった。

それはそれとして、実をいえば、そもそも、チーム・アホノミクスはどれほどトリクルダウン効果を真剣に狙っているのかという問題がある。外交安全保障政策との表裏一体論との関係でいえば、これはどうも口先だけの話ではないのかと思えて来る。実は、強い者だけがより強くなればいい。富める者だけがより豊かになれば結構だ。下々に恩恵がたれ落ちるかどうかは、成り行き次第。もしそうなるようなら、得点が稼げてラッキー。そうならなくても、特段、痛痒は感じない。ひょっとすると、そこから先は経済的徴兵効果が面倒をみてくれるということろまで、考えているかもしれない。

さらに、反論が出るかもしれない。ホットプレートのコールドスポットにも、影響は及んでいるじゃないですか。何しろ、いまや、日本経済は人手不足経済ですよ。そのことをどう解釈するんですか？　そういう言い方が出て来るかもしれない。

これも違う。人手不足が起こっているのは、むしろコールドスポットに多く人々が追い込まれているからだ。そのため、ホットスポットの舞い上がりに対応した人手が確保できない。そういう状況に陥っているということである。ホットスポット上の活動がちょっとあおり上げられて、賑やかになる外食産業が賑わうような行動をみんなとるようになる。あるいは実際にやっている公共事業で建設会社をあおり上げるというようなことをすると、にわかに人手不足が表面に出てくる。これはなぜか。決して物理的に人が不足しているのではない。本来であれば、有効な人手として働ける人たちがコールドスポットのほうに追いやられてしまっているので、ホットスポットがにわかに人手不足になったということである。

長きにわたるデフレ下で、日本の構造的失業率も随分上がってきた。一年以上、職に就けていない人々が、構造的失業者たちである。一年も失業していれば、技術が錆びつく。スキルは古くなってしまっている。野球選手だったら、たかだか三～四回ぐらい試合に出ないと実戦の勘が狂うという感じだから、いわんや一年も失業していればそうとう即戦力的な力は落ちている。

要は、いわば「雇われ力」が低下してしまった人々が増えているということだ。スキルが落ちているぐらいならまだ何とかなるかもしれないが、ずっと失業していれば体を壊していると いう場合もあるだろう。体が何とかなったとしても、せっかく求人があっても求人の面接が行われている場所まで出掛けていく電車賃がないかもしれない。こうして、構造的失業下の人手不足が現出してくるわけである。

壊れたホットプレートは、修復しなければやがて機能不全に陥る。いわんや、その欠陥を助長するようなことをやっていれば、ついには、この壊れたホットプレートがこなごなに砕け散ってしまう時が来るかもしれない。ひょっとして、そのことに気がつき始めたのか。このところ、安倍政権の内部から、大企業の内部留保に課税することで、儲けを吐き出させろというような言い方が飛び出すようになっている。儲かった企業はさらに一段の賃上げを実現すべし、などという強権的なお達しも出た。少しばかり目が覚めたのか。いや、そうではないだろう。もっとも、やっぱり少しは弱者救済に関心がある振りをしておかないとまずそうだ、という「気づき」はあるかもしれない。だが、むしろ、表裏一体論の下で目指す強い経済づくりが行き詰まることが心配になって来た。それが一番の本音だろうかと思う。どこまで行っても、疑念は消えない。

# 第四章

# 日本国憲法の中にみる人間のための経済学

またもや、序章を振り返りたい。そこで、筆者は次のように書いていた。

「この驚くべき政経一致内閣が発足して以来、折に触れて、その行状の背景を探り、今日の時代状況の中で位置づけることを試みて来た。そのプロセスを通じて、彼らの世界がいかに日本国憲法の世界と遠いか、そして、今こそ、日本がそしてグローバル時代そのものが、いかに日本国憲法を必要としているかをつくづく実感するにいたっている。」

本章では、このくだりの中の「彼らの世界がいかに日本国憲法の世界と遠いか、そして、今こそ、日本がそしてグローバル時代そのものが、いかに日本国憲法を必要としているか」の部分について、経済の視点から考えたい。危険な表裏一体論の下で、政治が経済を振り回し、断じて行くべきではないところに我々を連れて行こうとする。その恐怖のルートから我々を救い出してくれるのが日本国憲法なのだと思う。もちろん、日本国憲法は、そこに通底する不戦の誓いにおいて、「軍備増強のための経済強化」という発想を真っ向からなぎ倒す力強さをもっている。誠に、日本国憲法の世界とチーム・アホノミクス式表裏一体論の世界は遠い。それだけで充分なのだが、さらにその上、日本国憲法の世界は、第二章で考えた経済活動の本来あるべき姿との関わりでも、実に貴重な寄る辺と道しるべを我々に与えてくれていると思う。我々が取り戻したがり病の向こう側に行かんとする時、日本国憲法は、実に頼りがいのある道先案内人になってくれると思われるのである。この点について、本章で検証してみたい。いわば、「日本国憲法の中にみる人間のための経済学」を見極める作業だ。この試みを通じて、我々が目指すべき経済的地平の風景もまた、見極めることが出来るはずである。

## ●場違いな競争が生み出すもの

以上のように本章の問題意識を整理したところで、議論を進める足掛かりとして、さらにもう一息、表裏一体論に根差す考え方の毒性について考えておきたいと思う。ついては、次の一節をご覧頂きたい。

「競争したらロクなことないよ。ぎょうさん、競争の街にはホームレスがおるでしょ。東京や大阪はホームレスばっかりや。」

落語の演目、「老楽《おいらく》風呂」からの引用である。名手、桂文珍師匠の演目の一つだ。筆者はこの落語がとても好きだ。好きが高じて、「老楽国家論」という題名の本まで書いてしまった。「老楽国家論」の方はともかく、落語「老楽風呂」の筋書きをごく簡単にいえば次の通りだ。窓際族の中年サラリーマンが、さっさと定時退社する。家路の途上で、みかけたことのない銭湯に寄り道する。そこで、ロダンの考える人みたいな姿形のおじいさんに出会う。そして、彼から老楽の奥義を伝授される。あくせくしてはいけない。必死になってはいけない。頑張ってはダメだ。競争は人間を追い詰めるばかりだ。ぼーっとしなはれ。肩の力を抜きなはれ。老いは楽だ。老いは楽し。

競争の街はホームレスで一杯になる。何とも怖くて悲しいイメージだ。落語の中の話ではあるが、このイメージには、今の日本を考える中で実にリアルなものが感じられる。元来、落語は世相に向かって開かれた話術の窓だ。折々の時代特性と、人々の思いや感じ方がそこに生き生きと浮かび上がっていてこそ、落語はその妙味と本領を発揮する。笑いに包まれた社会評論。それが落語だ。その意味で、競争がホームレスを生み出すという老楽じいさんの考察にも、今日的現実が映し出されていると考えていいだろう。競争の街が生み出すホームレスの人々は、現実に存在する。彼らはどこに住んでいるのか。皆さんはもう答えをご存じだ。彼らは、壊れたホットプレート上のコールドスポットに住んでいる。

何も、競争が諸悪の根源だというつもりはない。前章でご一緒に考えた通り、競争は経済活動の三角形の一辺を構成している。三角形は、一辺でも欠ければ三角形ではなくなってしまうのであるから、経済活動について語る中で、競争という要素を仲間外れにしてはいけない。だが、問題は出番のつくられ方だ。どんな名優でも、場違いなシチュエーションで登場してしまうと、周りがしらける。話の筋が混乱する。お芝居がすっかり台無しになってしまうかもしれない。

競争が前面に躍り出ると、ホームレスがどんどん増える。そんな場面で競争を舞台中央に押し出すのは、やはり場違いだ。競争の登場で、お芝居全体が活気づくならいい。皆が妍《けん》を競う中で、舞台が華やかさを増すなら、大いに結構だ。だが、何が何でも無理やりに競争を目立つところに引っ張り出そうとするのは、芝居の演出家として見境とセンスに欠ける。ところが、取り戻したがり病にかかると、どうしても競争ばかりを贔屓《ひいき》にしたくなるらしい。

この点との関連で、チーム・アホノミクスの大将が興味深いことを言っている。出所は、2015年の総理大臣年頭所感だ。いわく、

「戦後の焼け野原の中から、日本人は、敢然と立ち上がりました。東京オリンピックを成功させ、日本は世界の中心で活躍できると、自信を取り戻しつつあった時代。……先人たちは、高度経済成長を成し遂げ、日本は世界に冠たる国となりました。当時の日本人に出来て、今の日本人に出来ない訳はありません。」

やっぱり、こういう感じなのだなと思う。世界の中心で活躍したい。高度成長期に出来てい

たことが、もう一度出来るようになりたい。この感じであれば、確かに、何が何でも競争のベクトルを強化したいという心境に駆られるのは不思議ではない。さぞや、どうしても、競争君を舞台中央に押し出したいと思うだろう。

だが、そもそも何故、我々は高度成長期に出来ていたことを、今また出来るようにならなければいけないのか。今は今である。今には、今にふさわしい生き方がある。せっかく、こんなに立派な大人になったのに、どうして、また子ども時代に立ち戻る必要があるのか。こんなに遠くまで旅して来たのに、なぜ、既に通過済みの地点に戻って行く必要があるのか。もう横綱だというのに、何を好き好んで十両時代に後戻りするというのか。

確かに、横綱にも、「あの頃は良かった。若かった。怖いもの知らずで楽しかったなあ。」などと過去を振り返る時はあるかもしれない。初心忘るべからずというので、十両時代の相撲を思い出そうとすることもあるだろう。だが、前者は感傷だ。後者は、横綱としての今をより良く生きるための反省だ。いずれにせよ、何としても十両時代に戻らなければと焦っているわけではない。

あの時出来たことが、今また出来ないわけがない。この感じでがむしゃらに今を作り替えようとするのは、実に危険なことだ。その行為が、今にふさわしいバランスを突き崩す。そうした均衡崩壊過程で、人々が傷つく。だから、競争の街にホームレスが溢れることになる。それでも、勢いの時代に戻りたい。この執念が、取り戻したがり病患者たちを駆り立てる。なぜそうなるかといえば、彼らにとって最も大切なものが力と強さだからである。強くて大きな経済をもって、強くて大きな国家建設を進めたい。そのために企業の稼ぐ力を増強し、人々の働く効率を引っ張り上げ、地域を活性化させ、女性を活躍させなければいけない。そしてGDPを大きくしなければいけない。

老楽じいさんの教えとは、あまりにも無縁なこの力み方。これが人間による人間のための経済活動の基盤を蝕んで行く。この腐蝕過程を食い止めるためには、何が必要か。必要なものを我々が手に入れるプロセスを、日本国憲法がどのように支えてくれるのか。導いてくれるのか。これらの点に目を移して行こう。

## ●目指すべきは三つの出会い

人間のための経済活動の基盤を、取り戻したがり病の毒による腐蝕から守るには、何が必要なのか。必要なのは、三つの出会いだと筆者は思う。出会いその一が「多様性と包摂性の出会い」

だ。その二が「正義と平和の出会い」。そして、その三は「狼と子羊の出会い」である。そして、この三つの出会いのいずれについても、日本国憲法が頼りがい溢れる橋渡し役になってくれると考えられるのである。

三つの出会いは、なぜ、人間のための経済活動の腐蝕を食い止めてくれるのか。どういうわけで、我々を取り戻したがり病の向こう側に連れて行ってくれるのか。ここで、予告編的に答えを列記しておけば、次の通りだ。詳細は、三つの出会いをそれぞれ検討する中で、改めて考えて行く。

「多様性と包摂性の出会い」は、成熟経済の三角形が必要としている分配のベクトルの充実を可能にしてくれる。「正義と平和の出会い」は人間のための経済活動に必要な最も本源的要件を満たしてくれる。そして、「狼と子羊の出会い」は、グローバル経済の最も理想的な有り方に向かって、我々を導いてくれる。成熟経済の三角形がバランスのよろしきを得て、あるべき経済活動の本源的要件が満たされ、グローバル経済時代の正しい生き方が実現されるということになれば、もはや、何も怖いことはない。取り戻したがり病が発生させる毒も、恐るるに足らずだ。競争のベクトルをしゃにむに引っ張り伸ばそうとする無理強いも、はねのけられる。壊れたホットプレートのホットスポットばかりを、さらにヒートアップしようとする焚きつけ係たちにも、丸め込まれることはない。一億総活躍の呼び声に、踊らされることも決してない。

これらのことを頭に刻み込みつつ、三つの出会いを順次、検討して行こう。

## ●多様性と包摂性

その一が、「多様性と包摂性の出会い」であった。

多様性という言葉は説明を要しない。包摂性も、本書の旅にご一緒下さっている皆さんは、良くご存じの言葉だ。ただ、あまり日常的に使われる言葉ではない。日常用語として語感が最も近いのは、包容力という言葉だろう。だが、これもちょっと違う。どちらかといえば、抱擁力といった方がいいだろう。包容と書いてしまうと、どうも、そこに非対称性がただよう。包容する側とされる側の間に格差が生じる雰囲気が出る。包容力に富む寛大な人々あるいは社会が、みじめな人々を包み込んであげる。そんな感じになってしまう。包摂性に富む社会には、このような非対称性がない。それが出て来ると、その社会の包摂性は低下する。そのように考えていいだろう。包摂性ある社会とは、抱き合いの社会だ。包摂性高き社会の構成員たちは、お互いに、広く腕を広げて、懐深くお互いを抱きとめ合う。強い者が弱い者をハグしてあげるのではない。大きい者が小さき者を抱き抱えてヨシヨシしてあげるわけではない。非対称性なき抱擁の社会。それが包摂社会だ。このような非対称性なき抱擁が、相異なる多彩な姿・特性・状況・理念・心情・文化を持つ人々の間で幅広く成立する時、そこに多様性と包摂性の出会いが実現する。

さてここで、包摂性と多様性が出会う場所のイメージを膨らませるために、次の四つのケースを考えてみよう。この四つで、包摂性と多様性の関係に関する組み合わせは網羅されている。

（1）包摂性高・多様性大
（2）包摂性高・多様性小
（3）包摂性低・多様性大
（4）包摂性低・多様性小

（1）の「包摂性高・多様性大」が、我々が求める出会いが実現されているケースだ。この組み合わせがもたらしてくれるものを理解するためには、他の三つのパターンについて考えるところから始めるといいだろう。他の三つのパターンにおいては、包摂性か多様性のどちらかが欠けている。どちらかが欠けるとどうなるか。それを見定めることが出来れば、どちらも揃っていることの意味が解る。

まずは、(2)の「包摂性高・多様性小」の組み合わせからいこう。このような特徴を持つ社会を、我々は知っているだろうか。すぐにお気づきのことだろう。これは、かつての日本の経済社会のイメージだ。終身雇用・年功序列の枠組の中に誰もが包摂されている。護送船団方式で、万人を取り込みつつ進む。だから、誰もおいてきぼりにはならない。落ちこぼれは発生しない。極めて懐の深い社会だといえる。抱きとめる力が大きい。ただ、この懐の深さの恩恵にあずかるためには、一つ条件がある。それは、均一性のルールに従うことである。あまり、一人で突出してはいけない。出る杭は打たせてもらう。横並びを意識してほしい。みんなと足並みを揃えて下さい。あまり、人と違う姿形を前面に出して目立ってはいけない。この筆者のように、髪の毛を妙な色に染めてはいけない。

「包摂性高・多様性小」の世界は、それなりに住み心地がいい。安心感はある。だが、自分らしく生きる自由は制約される。みんなと違う者は、包摂性の懐の中に入れない。除け者が発生する社会だ。統一ルールに従える。横並び体制の中に埋没することをいとわない。そのような人々のみがお互いに包摂し合う空間。それが（2）の世界だ。波風が立たず、穏やかな世界だ。だが、その穏やかさの背後から滅びの影が忍び寄る。なぜなら、多様性を許容しない社会は、創造性が後退する。均一化の論理の中で、想像力が低下する。似たり寄ったりの人々しかいなければ、異質な者たちの感受性に共感することが出来なくなる。異質な者同士がお互いの行動原理や主張を理解出来ることは素晴らしい。合意出来なくても、絆が芽生える。

ここで頭に浮かぶのが、啓蒙主義を代表する思想家、ヴォルテールの信条だ。それを、彼の伝記家が次のように表現している。「私はあなたの意見に反対だ。だが、あなたがその意見を表明する自由のためなら、私は喜んで命を投げ出す。」これは、国際的な人権擁護団体、アムネスティ・インターナショナルの基本理念にもなっている。いくら包摂性に富む社会でも、そこに多様性との出会いがないと、ヴォルテール先生の祝福は得られない。

（3）の「包摂性低・多様性大」の空間に進もう。多様な個性に満ち溢れる人々が住む空間だ。だが、そこにいる彼らは、お互いにあまり包摂しようとしない。相異なる同士が排除の論理をもって対峙する。そんな世界だ。筆者には、どうも、今のヨーロッパが次第にこのような世界と化しつつあるようにみえる。彼らにとって、目下の大問題が中東からの難民の急増だ。シリアから、その他の紛争地域から、彼らは命からがら逃げて来る。そのあまりにもすさまじい数が、欧州諸国をパニックにさせている。その気持ちは解る。物理的な対応力に限界があることも理解出来る。だが、EU（欧州連合）は国境なき人の移動の自由化を掲げて来た。そのためのシェンゲン協定という取り決めもある。この協定に参加しているEU諸国の間では、人々は国境での出入国審査を受けることなく移動出来る。ところが、今回の難民問題に直面して、シェンゲン協定の見直しさえ議論になり始めた。

全く想定外のタイプの人の大移動に直面しているという意味では、この見直し論も解らないではない。だが、これではEU的な包摂性はその内側でしか成り立たないということになる。内なる包摂性を守るためには、外に対して排外的になる。これが、欧州が掲げる統合の理念なのか。疑問が残る。そもそも、今日のEUの中には、ベルリンの壁が倒れたことで、今の生活を手に入れた人々がいる。彼らに対して、それまで閉ざされていた国境が開かれたことで、彼らは新たな展望を手に入れた。対岸の人間だから、そんな呑気なことがいえる。そう糾弾されるかもしれない。だが、包摂性なき多様性には、人間を底なしの排外的攻撃性へと誘う危険が満ちている。多くの文化と知性の発祥の地であるヨーロッパがそのような世界と化すのはあまりにも悲しい。ちなみに、こうした排外性と閉鎖性の高まりを前にして。敢然とその行く手を阻もうとしているのが、ドイツのアンゲラ・メルケル首相だ。自国内外からのごうごうたる非難の中で、彼女は決して揺るがない。多様性の欧州が包摂性を失えば、欧州は欧州でなくなる。そのことを、この人は本当に良く解っている。

ヨーロッパにおける多様なる者たちは、何もＥＵの囲いの外だけに対して包摂性を失いつつあるわけではない。統合欧州の中核部分を構成しているはずのユーロ圏の中においてさえ、彼らは包摂的な寛容さを失いつつあるようにみえる。ユーロ圏諸国の財政危機深まりし中、救済する側と救済される側との間の亀裂が目立つようになっている。救済側の筆頭格の位置づけにあるドイツの国内では、ギリシャを始めとする南欧の財政難諸国に対する憤懣が募る。なぜ、あのだらしない奴らのために、勤勉なる我々がカネを出してやらなければならないのか。もう、我慢の限界だ。彼らのそうした声が日に日に高まる。かたや、支援を受ける側にも言い分がある。いくらカネを出すからといって、内政干渉的なクチの出し方がどこまでも許されていいのか。我々に、みんなドイツ人みたいになれと言うのか。そんな押しつけはご免こうむる。こんな調子だ。一つの通貨を共有することで、経済的にも政治的にも、求心力が高まって行く。それがユーロ圏に関する謳い文句だった。ところが、実際には逆の方向に向かっている。経済的多様性を単一通貨という一つの器に封じ込めようとした結果、国々のお互いに対する包摂性はかえって低下し、求心力も低下する一方である。

最後に残ったのが、（4）の「包摂性低・多様性小」の空間だ。あまり踏み込みたくない空間である。ここでは、多様性は否定され、均一化の論理が人々の上にのしかかる。相異なる者たちが抱き合うことはない。統一ルールに従わない者たちは、ひたすら排除されて行く。このような場を、今の世の中のどこに見出すことができるか。グローバルな視野に立てば、すぐ思い当たるのが北朝鮮だ。ロシアなども、かなりこういう側面が強そうだ。「イスラム国」を名乗る集団についても、そういえるだろう。

日本国内についてはどうか。さしあたり、すぐ頭に浮かぶのが「ハシズム（橋下主義）帝国」だ。もっとわかりやすくいえば、大阪市である。自分が打ち出す方向性に同調する者は良し。さもなければ、排除する。この姿勢を前面に出した政治家たちが、多様性と包摂性の出会いを実現しようとする市民たちと対峙している。さらにいえば、取り戻したがり病の毒を放置していると、日本全体がこの空間に転落する恐れが出て来る。とんでもないことだ。

この包摂性低・多様性小の空間は、別の言い方でいえば、幼児的凶暴性の世界だともいえるだろう。多様性を包摂するには、大人の感性が必要だ。子どもは、幼ければ幼いほど、寛容さと我慢から遠いところに位置している。子どもにはもらい泣きが出来ないという点については、第二章でご一緒に考えた。生育過程で大人の知性が身につき、人の痛みが解るようになればなるほど、自分と異なる者たちを受け入れることが出来るようになる。分かち合いの精神が芽生えて行くことになる。幼児的凶暴性の世界は、独り占め願望がとても強い世界だ。そこには、分配のベクトルが力を発揮する余地がない。

対象的に、包摂性高・多様性大の空間においては、幅広い分かち合いの構図を実現し、富の偏在を是正しようとする力学が常に働くはずである。かくして、前項で指摘した通り、包摂性と多様性の出会いは、成熟経済の三角形が必要としている分配のベクトルの充実を可能にしてくれるわけである。

## ●正義と平和

第二の出会いが、「正義と平和の出会い」であった。前述の通り、この出会いが実現することで、経済活動が経済活動として成り立つための本源的な要件が満たされる。すなわち、正義と平和が出会う場所においてこそ、経済活動が人間を幸せにすることが出来るための基盤が整う。

キリスト教の旧約聖書の中に、次の一節がある。

慈しみと信《まこと》はめぐり合い、正義と平和は抱き合う。（詩篇85・11）

旧約聖書は、イエス・キリストの出現以前の世界を語っている。ユダヤ教の時代だ。それに対して、新約聖書は、イエス・キリストの出現によって形成された神と人間との間の新たな契約の世界に目を向ける。「詩篇」は読んで字のごとく、詩歌集である。旧約の神、ヤーウェへの賛美の歌がそこに集約されている。

「慈しみと信はめぐり合い、正義と平和は抱き合う」。実に美しいフレーズだ。胸を打つ。だが、単に感動的なだけではない。実はとても難しいことを言っている。厳しいことを言っている。だからこそ、美しいのだと思う。その難しく厳しいことが実現するからこそ、神の国は神の国なわけだが、地上においても、そこに多少なりとも近づく努力をしないことには、我々はかなり悲惨で展望の開けない状況の深みに、どんどん吸い込まれて行ってしまいそうである。

なぜなら、現状における我々の現実の中では、慈しみと信は巡り合うどころか、すれ違う一方だ。そして、正義と平和は、抱き合うことなく、むしろいがみ合うばかりだと言わざるを得ない。思えば、そういうことではないか。「これぞ我が信なり」と主張して止まない同士は、この地上においてどこまで慈しみ合うことが出来ているか。我が信への執着が強ければ強いほど、人は他者の信に対して不寛容になりがちだ。自分と異なる信を掲げる者に対して、我々はどこまで慈しみをもって巡り合うことが出来るだろうか。

正義と平和の抱き合いについていえば、なおのこと、そこには大いなる困難が伴う。誰かの正義と誰かの正義が出会う時、そこに生まれ出るのは、平和ではないケースが余りにも多い。相異なる正義と正義が向き合う時、そこに発生するのは、あまりにも多くの場合において、戦争である。イスラエルの正義対パレスチナの正義。ロシアの正義対ウクライナの正義。「イスラム国」の正義対その他の世界の正義。こうした対峙の構図は、全て軋轢を生んでいる。そこに、平和は芽生えない。

だが、それでも、そして、だからこそ、我々は正義と平和が出会う場所を目指さなければいけない。経済活動が人間を幸せに出来るためには、そこにどうしても平和な土壌が必要だ。正義と正義のぶつかり合いの中で戦争が繰り返されるような世の中において、どうして、経済活動は人間を幸せにすることが出来るか。そのような世界においては、まさしく、経済活動は強さと力に固執する外交安全保障政策の手段として使われる。そのような世界において、経済活動の本来の有り方は、決して姿を現すことがない。

## ●狼と子羊

第三の出会いに到達した。「狼と子羊の出会い」であった。これまた、旧約聖書の中に登場するモチーフだ。正義と平和の出会いの出典は「詩篇」だったが、狼と子羊は「イザヤの予言」の中に登場する。該当箇所は次の通りだ。

狼は子羊と共に宿り、豹は子山羊と共に伏す。
子牛は若獅子と共に育ち、小さい子供がそれらを導く。（イザヤ11・6〜10）

狼と子羊が共に宿ることは、正義と平和が抱き合うことよりも、さらに難しいかもしれない。だが、実をいえば、狼と子羊が共に宿り、豹と子山羊が共に伏すという情景こそ、我々の住処であるグローバル・ジャングルに最もふさわしい。狼は強き者だ。強力な肉食獣である。一方で、子羊ほど脆弱な存在はない。弱肉強食の論理の中で、餌食となるために生まれ出たような存在である。ところが、経済活動が国境を越えるグローバル・ジャングルの中では、最強の肉食獣も、その餌食となるはずの最小なる草食動物のお世話にならなければ、生きていけない。そのことを、極めて鮮烈な形で我々に示してくれたのが、あの3・11東日本大震災が起きて、しばらくして判明した一つの事実だ。

あの時、被災地の多くの中小零細企業が操業停止に追い込まれた。その憂き目をみた諸企業の中に、福島の一つの部品メーカーがあった。この部品メーカーの生産が行き詰まることで、グローバル・ジャングルの生態系にとてつもない異変が生じた。すなわち、グローバル経済の津々浦々で自動車生産が止まったのである。アメリカでも、ヨーロッパでも、そうだった。グローバル展開する大手自動車メーカーのアジア生産拠点で自動車生産が止まった。大手の自動車メーカーといえば、グローバル経済の中における最大にして最強の存在だ。だが、そのように大きく、そのように強き者といえども、最弱にして最小なる存在の支えがなければ、経済活動を維持していくことが出来ない。事業を継続することが出来ない。かくのごとく、グローバル時代は、誰も一人では生きていけない時代なのである。

最強なる狼も、最弱なる子羊に支えられなければ生きていけない。どんなに眼光鋭い豹であっても、のんびり屋の子山羊とともに伏さなければ、安眠できない。幼き獅子は、幼き子牛とともに育たなければ、立派に成人は出来ない。そして、これらのでこぼこコンビ群を導くのが、小さい子供だ。イザヤの予言の中でいう小さい子供は、新約時代を開くイエス・キリストをかたどっているわけだが、グローバル・ジャングルにおいても、このような関係は成り立ち得るだろう。生まれたての新たな住人にも、成熟度の高い大人の住人にも、それぞれ、然るべき役割がある。世代を超えて、様々な住人たちが手をつないで前進して行く。様々なでこぼこコンビの存在が、より豊かで力強い生態系を生み出して行く。そのような場所となった時、グローバル・ジャングルは大いに栄えて、その住人たちを大いに幸せにする。そのようにイメージすることが出来るだろう。

## ●三つの出会いが出会う場所

さて、これで三つの出会いの検討が終わった。これら三つの出会いは、人間のための経済活動を復権させてくれる出会いであった。そうした真っ当な経済活動の基盤を、取り戻したがる病の毒による腐蝕から守ってくれるのが、これらの三つの出会いであった。その検討を一通り終えた今、改めて思う。三つの出会いは三位一体だ。不可分の関係にある。三つの出会いは、常に一つの場所で出会っている。

多様性と包摂性が出会うことがなければ、正義と平和は抱き合えない。正義と平和が抱き合えなければ、狼と子羊はともに宿ることが出来ない。狼と子羊がともに宿れないようであれば、正義と平和の抱き合いは実現されない。正義と平和が抱き合えないような状況下では、多様性と包摂性は、決して出会うことがない。

そして、この三位一体の出会いが実現している場所に、日本国憲法がある。筆者には、そのように思える。ここで、予めお断りとお詫びを申し上げておく必要がある。筆者は憲法学者ではない。専門的な立場から憲法を論ずる資格はない。その意味で、ここではかなり越権行為な領域に踏み込むことになる。ここで申し上げることは、あくまでも、以上の検討との関わりでの筆者の感性に基づいている。この点について、ご理解とお許しを乞う次第だ。

その上で、日本国憲法の中において「三つの出会いが出会っている場所」だと、筆者に思える箇所を抽出してみれば、次の通りだ。

（1）日本国民は、……諸国民との協和による成果と、わが国全土にわたつて自由のもたらす恵沢を確保し、政府の行為によつて再び戦争の惨禍が起ることのないやうにすることを決意し……。（前文1項）

（2）……われらは、全世界の国民が、ひとしく恐怖と欠乏から免かれ、平和のうちに生存

する権利を有することを確認する。（前文2項）

（3）われらは、いづれの国家も、自国のことのみに専念して他国を無視してはならないのであつて、政治道徳の法則は、普遍的なものであり、この法則に従ふことは、自国の主権を維持し、他国と対等関係に立たうとする各国の責務であると信ずる。（前文3項）

（4）日本国民は、正義と秩序を基調とする国際平和を誠実に希求し、国権の発動たる戦争と、武力による威嚇又は武力の行使は、国際紛争を解決する手段としては、永久にこれを放棄する。（第9条）

（5）すべて国民は、個人として尊重される。……（第13条）

（6）すべて国民は、法の下に平等であつて、人種、信条、性別、社会的身分又は門地により、政治的、経済的又は社会的関係において、差別されない。（第14条）

（1）では、「諸国民との協和」の一節が特に目を引く。これは、多様なるもの同士による包摂の構図だ。この構図の中では、諸々の国民がそれぞれに掲げる正義が、平和の中で抱き合うことが出来る。そこでは、狼国家と子羊国家がともに宿る。

（2）では、「全世界の国民が、ひとしく恐怖と欠乏から免かれ、平和のうちに生存する権利を有する」と言っている。ここでの視線は、「全世界」に及んでいる。自国だけが恐怖と欠乏から解放されればいいと言っているわけではない。まさしく、諸国民が恐怖や飢えにさいなまれることなく、なおかつ、平和のうちに生存する権利をもっているのだと言う。これほど、包摂的なとらえ方はないだろう。これほど、多様なものの共存を容認しようという強い姿勢はないだろう。このような「全世界」においては、間違いなく、正義と平和は抱き合うことが出来る。狼も子羊も、まさにひとしく、恐れることなく、飢え渇くことなく、ともに宿ることが出来る。

（3）の「われらは、いづれの国家も、自国のことのみに専念して他国を無視してはならない」の下りは、（2）で打ち出した視点のさらに一段と踏み込んだ確認だ。包摂性と多様性が出会い、正義と平和が抱き合い、狼と子羊がともに宿るためには、何人も、他者の命運に無関心であってはならない。ここで掲げられている認識は、共生の生態系としてのグローバル・ジャングルの住人たちにとって、最も本源的な心構えだといえる。

（4）第9条については、多くを語る必要がない。そこには、正義という言葉と平和が仲良く顔をそろえている。そこでは、戦争と武力行使は「永久にこれを放棄する」と宣言されている。多様なる者たちの包摂を、これ以上の決意をもって守り抜こうとする宣言はないだろう。この世界において、狼と子羊は間違いなくともに宿ることが出来る。

（5）と（6）は、多様性を徹底的に包摂しようとする姿勢の現れだ。この基本認識の上に、正義と平和が抱き合う。そして狼と子羊がともに宿る。

こうして改めてみて行けば、日本国憲法の全文にわたって、実に本質的な意味合いにおいて、三位一体の三つの出会いが出会っていい続けているといえると思う。だから、我々はこの憲法を守り抜かなければならない。その一言・一句たりとも、変えてはならないのだと思う。ところで、先のイザヤの予言の箇所には、続きがある。次の通りだ。

牛も熊も共に草をはみ、その子らは共に伏し
　獅子も牛もひとしく干し草を食らう。
乳飲み子は毒蛇の穴に戯れ、幼子は蝮の巣に手を入れる。

乳飲み子が毒蛇の穴に戯れ、幼子が蝮の巣に手を入れる。何たる光景か。驚愕のイメージだが、初めビックリ、やがてニッコリだ。これぞ、恒久平和の情景だ。全ての国々が戦争と武力行使を放棄すれば、間違いなく、この驚くべき歓喜の世界が我々のものとなる。

執筆にあたり参考にした講演は以下の通り

◆婦人国際平和自由連盟日本支部（2014年10月）
「アベノミクスの先にあるものとは　真の、そして本当の豊かさとは」

◆婦人国際平和自由連盟日本支部（2014年11月）
「人も国家も老いを楽しくすごすために、国際社会は？日本国は？私たちは？」

◆（社）経済倶楽部（2014年11月）
「早く行きたいアベノミクスの向こう側―取り戻したがり病につける薬は？」

◆協同金融研究会（2015年1月）
「2015年の経済・社会状況をどう見るか」

◆鎌倉九条の会（2015年5月）
「グローバル時代の救世主、それが日本国憲法―正義と平和が出会う時」

◆女性「九条の会」（2015年6月）
「女性がつくる地球の未来」

**浜　矩子**（はま・のりこ）

同志社大学大学院ビジネス研究科教授。1952 年生まれ。一橋大学経済学部卒業、三菱総合研究所のロンドン駐在員事務所長、経済調査部長、政策経済研究センター主席研究員を経て、2002 年より現職。専門はマクロ経済分析、国際経済。
近著に、『「アベノミクス」の真相』（中経出版）『超入門・グローバル経済』（NHK 出版新書）『円安現象―ドルにふりまわされないために』（PHP ビジネス新書）『老楽国家論―反アベノミクス的生き方のススメ』（新潮社）『2015 年日本経済　景気大失速の年になる！』（東洋経済新報社）『円ドル同時終焉の跫音―日米無理心中物語』（ビジネス社）『地球経済のまわり方』（ちくまプリマー新書）『もうエコノミストに騙されないために―紫煙の MBA 講義録』（毎日新聞社）『国民なき経済成長―脱・アベノミクスのすすめ』（角川新書）など。

みんなで行こう アホノミクスの向こう側
― 平和の経済学を目指して

2016 年 2 月 10 日　　第 1 刷発行
2016 年 4 月 26 日　　第 3 刷発行

著　者　　© 浜　矩子
発行者　　竹村正治
発行所　　株式会社かもがわ出版
〒 602-8119　京都市上京区堀川通出水西入
TEL075-432-2868　FAX075-432-2869
振替 01010-5-12436
ホームページ http://www.kamogawa.co.jp
製　作　　新日本プロセス株式会社
印刷所　　シナノ書籍印刷株式会社

ISBN978-4-7803-0816-7　C0033